Rechtschreibung verstehen und üben

lernserver
Individuelle Förderung

Fördersequenzen

Der Lehrgang für Jugendliche und junge Erwachsene

3 S-Laute

Gleichklingende Buchstabengruppen

f-v-w-ph · x-Laut

Petra Schönweiss · Christian Kowalski · Friedrich Schönweiss (Hg.), Universität Münster

Impressum

Fördersequenz, Band 3
S-Laute und Gleichklingende Buchstabengruppen

Herausgeber:
Prof. Dr. Friedrich Schönweiss
Abteilung Neue Technologien im Bildungs- und Sozialwesen/Medienpädagogik
Fachbereich Erziehungswissenschaft und Sozialwissenschaften
Westfälische Wilhelms-Universität Münster
Georgskommende 14
48143 Münster
Tel.: 0251 83 28409
Fax: 0251 83 21206
www.lernserver.de
info@lernserver.de

Verlag:
Lernserver-Institut • Verlag für Bildungsmedien GmbH
Georgskommende 9
48143 Münster
info@lernserver-shop.de

Autorin: Petra Schönweiss unter Mitarbeit von Christian Kowalski, Münster
Lektorat: Holger Koers, Münster
Illustrationen: Petra Schönweiss, Münster
Design und Druckvorbereitung: Marina Forstmann, Spelle

Mit freundlicher Unterstützung der Sparkasse Stadtlohn und der St.-Anna-Realschule, Stadtlohn.

2. Auflage 2014

ISBN 978-3-940876-47-8

Inhaltsverzeichnis Band 3
S-Laute und Gleichklingende Buchstabengruppen

Sehr geehrte Lehrkräfte und Eltern,
liebe Lernserver-Kooperationspartner,

wir freuen uns, Ihnen mit unseren *„Fördersequenzen“* die zentralen Rechtschreibbereiche der deutschen Orthographie nun auch für *Jugendliche und junge Erwachsene* zur Verfügung stellen zu können. Sie halten damit in kompakter Form einen strukturierten Lehrgang in Händen, der sowohl im regulären Unterricht als auch in der individuellen Förderung oder zuhause eingesetzt werden kann.

Einsatzbereiche und Förderszenarien

In abwechslungsreicher Form werden unterschiedliche methodische Zugänge zum Lernstoff unterstützt, vom Lehrervortrag über die Gruppen- oder Partnerarbeit, bis hin zum selbstständigen Lernen. Mit ihrer Kombination aus *Entdecken, Verstehen und Üben* können die *Fördersequenzen* auf unterschiedliche Weise genutzt werden.

- Für den regulären Unterricht eignen sie sich als **strukturierter Lehrgang**.
- In Verbindung mit der Lernserver-Diagnostik können im Klassenverband die Fehlerschwerpunkte der Schüler ermittelt werden, um daran anknüpfend **einzelne Bereiche gemeinsam** zu erarbeiten oder in Form der **Binnendifferenzierung** zu festigen.
- Im Rahmen von **Förderstunden** lassen sich gezielt kleinere oder größere Lücken schließen.
- **Zuhause** können sie in Ergänzung zum Unterricht oder als eigenständiger Kurs genutzt werden. In manchen Fällen, insbesondere bei jüngeren Schülern, ist die begleitende Unterstützung durch die Eltern empfehlenswert.

Was die ***Förderung* von Schülern mit *größeren Problemen*** angeht, sollte mithilfe der Lernserver-Diagnostik (MRA 7+) ein *individuelles Leistungsprofil* erstellt werden. Zeigt dieses Profil an, dass der Schüler den Grundlegenden Bereich der Rechtschreibung beherrscht und nur innerhalb bestimmter Regelbereiche unsicher ist, können die *Fördersequenzen* entsprechend der ermittelten Fehlerarten eingesetzt werden. Sofern allerdings im Rahmen der Lernserver-Diagnostik für den Grundlegenden Bereich (insbesondere auf der Ebene der Laut-Zeichen-Zuordnung, also z.B. der Fähigkeit, einzelne Laute differenzieren und mit den entsprechenden Schriftzeichen verschriften zu können) massivere Probleme festgestellt werden, empfiehlt es sich, auf die Lernserver-Teststufe 5/6 zurückzugehen und den entsprechend der Testergebnisse zusammengestellten individuellen Förderplan dieser Stufe mit dem Schüler durchzuarbeiten.

Inhalte

Jede Fördersequenz beinhaltet *ein* wichtiges Rechtschreibthema. Insgesamt liegen bis jetzt neun Sequenzen in fünf Bänden vor:

- Umlautableitung
- Auslautableitung
- Betonung
- Dopplung
- S-Laute
- Dehnung
- Der lange i-Laut
- Großschreibung
- Gleichklingende Buchstabengruppen

Aufbau

Alle *Fördersequenzen* sind mit kleinen Abweichungen nach folgendem Muster aufgebaut:

- Einführung des Themas (Problemerkennung)
- Erklärung der orthographischen Gesetzmäßigkeit
- Übungen (Lückenwörter, Lückentexte, Diktate, Rätsel usw.)
- Kennenlernen der Ausnahmen (Merkwörter)
- Vertiefende Übungen und Wiederholungen
- Informeller Abschlusstest

Zu jeder Übung gehört ein Lösungsblatt, das zudem auch häufig „Hinweise für den Lehrenden" beinhaltet, in denen Erklärungen zur Didaktik, Wissenswertes zum jeweiligen Thema oder auch Tipps für vertiefende Aufgaben angeboten werden.

Methodik

Wie in der gesamten Lernserver-Förderung zielt auch die Methodik der *Fördersequenzen* darauf ab, den Schüler zum Erkunden und Durchschauen der orthographischen Gesetzmäßigkeiten anzuregen. Ihm soll mit der Aneignung von Regelwissen eine verlässliche Alternative zum reinen Einprägen des Wortbilds geboten werden, so dass er bei unbekannten oder mangelhaft gespeicherten Wörtern die Möglichkeit hat, sich die Schreibung mittels geeigneter Strategien *selbst* herzuleiten.
Zudem erhält der Schüler die Chance, Ordnung und Struktur in die schier unüberschaubare Vielfalt von Schreibungen zu bringen, die ihn vielleicht schon in den vergangenen Jahren an der Rechtschreibung und vor allem an sich selbst zweifeln ließ.
Mithilfe der vorliegenden Übungen aber kann ihm nachvollziehbar gemacht werden, dass der Kern der Orthographie logisch und damit auch erlernbar ist, und dass nur die „äußeren" Bereiche sich den Regeln entziehen (und deshalb als Merkwörter gelernt werden müssen). Er erfährt, dass er durchaus dazu fähig ist, über die einzelnen orthographischen Phänomene zu reflektieren; er erkennt Regelmäßigkeiten und Zusammenhänge, er lernt Analogien zu bilden und Transferleistungen zu erbringen. Dies alles schafft Sicherheit, Erfolgserlebnisse und damit auch die nötige Motivation, sich mit dem Kapitel Rechtschreibung überhaupt noch befassen zu wollen.

Um eventuellen Missverständnissen vorzubeugen: Die kognitive Herangehensweise an die Rechtschreibung, bei der durch Regelwissen die korrekte Schreibung eines Wortes herausgefunden wird, enthebt den Schüler keinesfalls von der Notwendigkeit, häufig und viel zu lesen und zu schreiben. Nur in der regelmäßigen Anwendung und mit Üben und Automatisieren des Gelernten erreicht er das Ziel, die Regeln nicht mehr bewusst anwenden zu müssen, sondern nur noch als letzte Sicherheit für besonders schwierige Wörter in der Hinterhand zu haben. Mangelnde Automatisierung ist oft der Grund dafür, dass das erworbene Wissen in Diktaten oder Aufsätzen nicht in gewünschtem Maße eingesetzt werden kann und deshalb auch nicht zu einer Notenverbesserung führt. Der große Unterschied zum stumpfen Einprägen des Wortbildes ist aber der, dass der Schüler mit seinem Regelwissen dazu in die Lage versetzt wird, seine Fehler *selbst* zu erkennen, einzuordnen und zu verbessern. Er kennt nun die *Gründe*, warum ein Wort so und nicht anders geschrieben wird, und ist damit nicht mehr nur auf Treu und Glauben und auf ein gutes Wortbildgedächtnis angewiesen.
In aller Konsequenz muss es dem Schüler jedoch trotz allem gelingen, einen ausreichend großen Wortschatz in seinem lexikalischen Gedächtnis zu speichern, damit er die Schriftsprache auch hinsichtlich der erforderlichen Schnelligkeit angemessen anwenden kann.

Voraussetzungen

Das Schreiben *lauttreuer* Wörter sollte beherrscht werden. Diese Fähigkeit ist mithilfe der Lernserver-Diagnostik einfach und schnell ermittelbar: Hat ein Schüler im Test noch viele Fehler gemacht, die im Leistungsprofil dem *Grundlegenden Bereich* zugeordnet wurden, muss zunächst ausreichende Sicherheit innerhalb des lautanalytischen Rahmens erlangt werden, bevor der Schüler mit den „Regeln" konfrontiert wird. Dies gilt für *alle Lerner*, auch wenn dies oft zunächst weder von den älteren Schülern selbst noch von den Lehrern oder Eltern als notwendig oder sinnvoll erachtet wird. Der Vergleich mit der Mathematik mag zum besseren Verständnis dienen: Es käme keinem Pädagogen in den Sinn, einem Kind das Bruchrechnen beibringen zu wollen, ohne dass es vorher genügend Erfahrung mit Zählen, Addieren, Subtrahieren, Multiplizieren und Dividieren sammeln konnte. Sehr ähnlich ist es aber mit dem Schreiben:
Die Beherrschung des lauttreuen Bereichs ist das *Fundament* des Schriftsprachgebäudes, auf dem die weiteren Stockwerke aufgebaut werden können. Wenn aber schon das Fundament wackelt, ist es schwierig bis unmöglich, darauf ein sicheres Haus mit mehreren Stockwerken aufzubauen. Dies wird umso deutlicher, wenn man sich bewusst macht, welch elementare Themen der *Grundlegende Bereich* eigentlich umfasst. Es geht dabei beispielsweise um die Umsetzung von Lauten in Buchstaben, um die akustische Identifikation von Lauten und die optische Identifikation von Zeichen, um die akustische und optische Differenzierung ähnlicher Laute, um die vollständige Durchgliederung eines Wortes, ohne dass Buchstaben und Silben ausgelassen oder hinzuzugefügt oder in falscher Reihenfolge niedergeschrieben werden, oder um die Schreibung von selteneren Zeichen wie qu. (Für diese elementaren Schritte im Schriftspracherwerb stehen zurzeit Lernserver-Fördermaterialien bis Klasse 6 zur Verfügung.)

Erst wenn ein Schüler alle oben genannten Fertigkeiten bereits in ausreichendem Maße erwerben konnte, ist die Arbeit mit Regeln, beispielsweise zur Dopplung oder Dehnung, die vom Lerner durchaus anspruchsvolle Wahrnehmungsfähigkeiten und Handlungen verlangen, sinnvoll und erfolgversprechend.
Es muss also erst die *Basis* geschaffen werden. Dazu gehört auch, dass der Schüler zumindest langsam, aber korrekt lesen kann.
Des Weiteren muss er Vokale (a, e, i, o, u), Konsonanten (alle anderen Laute) und Diphthonge (au, ei, eu, äu, ai) benennen und unterscheiden können.
Außerdem ist die Fähigkeit erforderlich, in einem Wort den *betonten Vokal* aufzuspüren und seine Klangqualität herauszufinden, da darauf die wichtigsten orthographischen Regeln aufbauen. Der *Betonung* ist deshalb eine eigene Fördersequenz gewidmet. Sie muss auf alle Fälle *vor* den Themen „Dopplung", „S-Laute" und „Dehnung" bearbeitet werden.

Handhabung der Materialien

Zu Themen, bei denen es uns erforderlich schien, gibt es zu Beginn der Sequenz ein Blatt mit *einführendem Hintergrundwissen* für die Lehrkraft (bzw. die betreuende Person). Auch wird an dieser Stelle das inhaltliche „Warum" und „Wie" der Übungen aufgezeigt, damit sich der Lehrende einen Wissensvorsprung aneignen kann, um für eventuell auftauchende Fragen des Schülers gewappnet zu sein.
An dieser Stelle möchten wir aber gerne darauf hinweisen, dass es keine Schande ist, wenn man auch als Lehrkraft nicht auf alle Fragen eine Antwort parat hat. Vor allem bei der Großschreibung gibt es genügend Spitzfindigkeiten, die ein **Nachschlagen im Wörterbuch** notwendig machen können. Oftmals entlastet es sogar das Verhältnis Lehrer-Schüler, wenn sich der Lehrer nicht als perfekter Alleskönner präsentiert, sondern als menschliches Wesen, in dessen Natur es liegt, eben *nicht* alles zu wissen und auch Fehler zu machen. Nobody is perfect. Wichtig ist allerdings, dass man zumindest weiß oder lernt, wo und wie man sich schlaumachen kann. Das Nachschlagen und Überprüfen eines schwierigen Falls kann dann durchaus zusammen mit den Schülern erfolgen. Auf diese Weise lernen alle etwas dazu.

Jede Regel wird, sofern es sinnvoll und möglich ist, über eine **Problemstellung** eingeführt. Mithilfe von gezielten Fragen soll der Schüler vorzugsweise *selbst* auf die Lösung des Problems kommen und sich den Regel-Merksatz erarbeiten. Hier ist es für den weiteren Verlauf des Lernens wichtig, dass die betreuende Person prüft, ob der Schüler das Grundlegende der Themeneinführung verstanden hat und weiß, worum es bei der jeweiligen Fördersequenz gehen wird.

Die weiteren Arbeitsblätter sind zum **selbstständigen oder aber auch zum gemeinsamen Anwenden** und Vertiefen des Rechtschreibprinzips gedacht. Ob ein Schüler in weiten Teilen allein üben und daraus auch den größtmöglichen Nutzen ziehen kann, muss dem Gespür der betreuenden Person überlassen bleiben. Natürlich ist bei älteren Schülern ein selbstständiges Arbeiten anzustreben, allerdings muss stets darauf geachtet werden, ob die Arbeitsanweisung verstanden wurde und ob das, was bereits als gefestigt vorausgesetzt ist, wirklich im Einzelfall unterstellt werden kann. Erfahrungsgemäß hilft es Schülern mit größeren Problemen wenig bis nichts, wenn sie auch im Förderunterricht auf sich allein gestellt sind und keiner nachprüft, welche individuellen Fortschritte sie machen oder an welcher Stelle man ihnen gezielt unter die Arme greifen müsste.
Manche Übungen gibt es in **drei verschiedenen Schwierigkeitsstufen**. Sie sind gekennzeichnet durch die ausgefüllten Rauten in den oberen Ecken der Übungsseiten und unterscheiden sich meist in der Aufgabenlänge und der Anzahl der Übungswörter.

Bitte beachten Sie auch, dass die *Fördersequenzen* als ***Grundgerüst*** zu verstehen sind, das die notwendigen Bestandteile eines in unserem Sinne idealtypischen Curriculums durchläuft, das aber von Ihnen beliebig erweitert oder verkürzt werden kann, je nachdem, wie rasch ein Schüler einen Bereich beherrscht. Der eine versteht es schneller, der andere braucht etwas länger – die Menschen sind einfach unterschiedlich. Es sollte aber jeder die Möglichkeit erhalten, eine in unserer Gesellschaft derart wichtige Kulturtechnik wie das Schreiben so zu erlernen, dass er im alltäglichen Leben gut zurechtkommt und den von ihm angestrebten Beruf gemäß seiner sonstigen Begabungen ergreifen kann. In vielen Fällen bedeutet das, dass den Lernenden mehr Zeit eingeräumt werden muss – eigentlich eine Selbstverständlichkeit, die zu einer „individuellen" Förderung dazugehört.
Wenn Sie also zusätzliche Übungen anbieten müssen, kann das in Form von Wortdiktaten geschehen oder durch die Wiederholung von Übungseinheiten mit anderem Wortmaterial. Sie können natürlich auch die in der Sequenz vorkommenden Wortbeispiele in andere Übungsformen kleiden. Oftmals werden in den

Sequenzen Spiele oder Wettbewerbe beschrieben, die so lange wiederholt werden können, bis ein Thema wirklich sitzt.

Sinnvoll ist es auf alle Fälle, nach dem Abschlusstest am Ende jeder Sequenz **freie Texte** oder **Aufsätze** verfassen zu lassen, um überprüfen zu können, ob das Gelernte auch in komplexeren Schreibsituationen sicher angewendet werden kann.

Ganz allgemein gilt: Lieber weniger an einem Tag üben, dafür aber mit Sinn und Verstand! Bitte gehen Sie dergestalt auf den Schüler ein, dass er die Arbeitsblätter nicht möglichst schnell „abhakt", sondern dass er ein Thema mit der **höchstmöglichen Aufmerksamkeit** angeht und somit auch eine größere Chance hat, es kognitiv und nachhaltig zu durchdringen. Honorieren Sie schon die Bemühungen, sich ernsthaft mit einem Sachverhalt auseinanderzusetzen, auch wenn die Aufgabe nicht fehlerfrei gelingt.
Bewährt hat es sich, die Schüler dazu anzuhalten, die erarbeiteten Blätter in einem Ordner abzuheften und als Dokumentation ihres Lernfortschritts wertzuschätzen.

Übungsformen

Wir haben uns bemüht, auch für die älteren Schüler abwechslungsreiche Übungsformen anzubieten (Lückentexte, Rätsel, Partnerarbeit, Quiz, Diktate usw.). Die Form sollte aber dabei nicht gegen den Inhalt ausgespielt werden, d.h. dass es für manche Themen nicht viele sinnvolle Übungsgestaltungen gibt.

Lückenwörter und **Lückentexte** stellen deshalb den Hauptanteil dar. Sie sind für den Einstieg in ein Thema eine sinnvolle Arbeitsform, weil der Schüler seine Aufmerksamkeit nur auf ein bestimmtes Phänomen fokussieren muss, z.B. auf die Entscheidung „äu oder eu". Es wird ihm also erspart, noch zusätzlich darauf zu achten, ob etwa ein gedoppelter Konsonant oder eher ein Dehnungszeichen richtig wäre. Schüler mit größeren Problemen können dies als sehr entlastend empfinden.
Praktisch sind Lücken auch deswegen, weil sie ein selbstständiges Arbeiten gewährleisten: Es kann ganz gezielt ein bestimmtes Rechtschreibphänomen abgefragt werden, ohne dass eine weitere Person anwesend sein und diktieren müsste. Vor allem in einer Fördergruppe, in der die Lehrkraft oft Schüler auf unterschiedlichem Niveau zu betreuen hat, ist das laute Diktieren nicht immer zweckmäßig.
Wenn Sie es für sinnvoll erachten, können Sie die Lückenwörter aber am Ende der Übung natürlich zusätzlich ins Heft schreiben lassen.

Die Übung „**Wortverwandte suchen**" ist sehr häufig vertreten. Erstens werden dadurch die Zusammenhänge zwischen den Wörtern einer Familie sichtbar, was viele Aha-Erlebnisse auslöst und die Schreibung erleichtert (fahren-Gefährt-Fuhre; Bauch-bäuchlings). Und zweitens wird der Sprachschatz auf eine nicht zu unterschätzende Weise erweitert – angesichts der zahlreichen Kürzel und des recht eigenwilligen Sprachcodes, der den mündlichen wie schriftlichen Umgang von Jugendlichen häufig bestimmt, eine nicht nur für Schüler mit anderer Muttersprache dringend gebotene Aufgabe.

Die Form des **Rätsels** dient der Auflockerung und ermöglicht ebenfalls das Schreiben eines ganzen Wortes, ohne dass diktiert werden müsste. Vorausgesetzt natürlich, das Rätsel selbst wird gelöst. Manche Schüler jedoch werden durch die Verdopplung der Aufgabenstellung überfordert – entweder bleibt die richtige Lösung des Rätsels auf der Strecke oder die angestrebte „Recht"schreibung. Aus diesen Gründen hält sich diese Übungsform in Grenzen.

Schreib- oder sonstige **Spiele** kommen vor, allerdings nicht allzu häufig, da die vorliegenden Sequenzen für ältere Schüler gedacht sind, die sich von dieser Übungsform oft nicht mehr angesprochen fühlen.

Diktate sind letztlich unerlässlich, sollten aber nicht als Bewertungsinstrument im selektiven Sinn genutzt werden, sondern als Möglichkeit, das Gelernte in verschiedenen Schwierigkeitsstufen *informell* zu testen.

Umgang mit Fehlern

Fehler sind nicht einfach nur „falsch", sondern in jedem von ihnen steckt eine Denkleistung – auch wenn das Ergebnis nicht der Norm entspricht. Wer inkorrekte Schreibungen „lesen" kann, dem erzählen sie, wo der Denkfehler des Schreibers steckt, welche Strategie er verkehrt angewandt hat oder welche Wissenslücke noch nicht geschlossen werden konnte.

Was nützt es also, Fehler nur rot anzustreichen, zu zählen und daraus eine Note zu basteln, wo doch genau hier eine so offensichtliche Möglichkeit schlummert, dem Schreiber sinnvoll zu helfen? Wäre es nicht besser, die Fehler als Anstoß dafür zu nehmen, den Sachverhalt, um den es dabei geht, noch einmal intensiv zu besprechen? Fragen wie: „Warum ist es nicht ganz richtig, was du hier geschrieben hast? Mit welcher Schwierigkeit haben wir es bei diesem Wort zu tun? Welche Regel kann helfen? Handelt es sich um ein Wort, das mit der Regel erklärt werden kann, oder um ein Merkwort?" bringen den Schüler dazu, über seine Schreibung nachzudenken, die Regel zu memorieren und sich in vielen Fällen selbst zu korrigieren. Genau das schafft aber den Ansporn, sich mit einem Thema zu beschäftigen und sich nicht lieber der ganzen Anstrengung zu entziehen, weil im Heft mal wieder alles rot ist und die schlechte Note als abstrakte Quintessenz der vorangegangenen Bemühungen anklagend im Raum steht.
Damit ein Schüler also wirklich aus seinen Fehlern lernen kann, muss der Lehrende sie inhaltlich ernst nehmen und als Ausgangspunkt für ein sachliches Gespräch nehmen. Auf diese Weise wird ein Fehler selbst in der Gruppe nicht als Peinlichkeit, Makel oder Stigma empfunden, sondern kann als der geltenden Norm nicht angemessene „Regelvariante" leidenschaftslos betrachtet und von der ganzen Runde nach bestem Wissen analysiert werden.

Der Anspruch des Lehrenden

Vor allem bei der Arbeit mit Schülern, die große Schwierigkeiten in der Rechtschreibung haben, ist es wichtig, dass man den eigenen Anspruch auf Perfektion etwas herunterschraubt. Es sollte nicht darum gehen, dass ein Schüler nach dem Bearbeiten der Materialien völlig fehlerfrei schreibt, sondern das Ziel sollte zunächst sein, dass er seine Fehler durch die gedankliche Auseinandersetzung mit einem Thema selbst erkennen und verbessern kann.
Einige Themen, wie z.B. Großschreibung, Dopplung und Dehnung, halten insbesondere für Schüler der höheren Klassen eine Menge Stolperfallen bereit. Selbst geübte Erwachsene können bei manchen Wörtern ins Straucheln kommen, so dass die Messlatte für die Lerner nicht allzu hoch hängen sollte. Seien Sie bitte in diesen Fällen nachsichtig, aber nicht nachlässig. ☺ Schließlich gibt es auch noch das Wörterbuch (Wörterbucharbeit muss im Unterricht geübt werden!), und es ist durchaus legitim, es zu benutzen, wenn man wirklich nicht weiterweiß.

Ähnlichkeitshemmung

Die *Fördersequenzen* sind zum großen Teil so aufgebaut, dass ein Prinzip erklärt und hinreichend geübt wird, bevor andere ähnliche Prinzipien dazukommen. Ziel einer Gegenüberstellung von Kontrasten ist hier die *Reflexion* über eine Schreibweise, also das *Provozieren kognitiver Entscheidungen*, z.B. „Ich schreibe ‚bäuchlings' mit ‚äu', weil es von ‚Bauch' mit ‚au' abgeleitet ist. Ich schreibe aber ‚Keule' mit ‚eu', weil es *keinen* Wortverwandten mit ‚au' gibt."
In den Fällen, bei denen die Schreibung begründet werden kann, ist die Sorge hinsichtlich der Ähnlichkeitshemmung nicht berechtigt.
Anders wäre es natürlich, wenn es nur um das Einprägen und Erinnern von Wortbildern geht. Hier sind Kontrastpaare, die zum Auswendiglernen angeboten werden, nicht sinnvoll: „Merke ‚Stahl', aber ‚Wal'. Merke ‚lieber', aber ‚Biber'." Derartige Gegenüberstellungen sind in den gesamten Lernserver-Materialien nirgendwo zu finden.

Das Lesen des Leistungsprofils und Tipps für die anschließende Förderung

Wenn Sie die Lernserver-Diagnostik zu Hilfe genommen und nun das Leistungsprofil eines Schülers vor sich haben, dann beachten Sie bitte Folgendes:

- Finden sich noch viele Fehler im *Grundlegenden Bereich*, müssen erst die basalen Kenntnisse vermittelt werden, bevor mit den *Fördersequenzen* begonnen wird.
- Sind lediglich dem *Regelbereich* Falschschreibungen zugeordnet, können Sie aus den Überschriften der einzelnen Kategorien ersehen, welche Sequenzen für die Förderung in Betracht kommen.
- Bei nur *einem* Fehler in einer Kategorie, kann von einer Förderung in diesem Bereich abgesehen werden. Es sei denn, Sie merken im Laufe der Zeit, dass hier doch noch weitere Schwierigkeiten auftauchen.
- Bei *mehreren* Fehlern in einer Kategorie, z.B. bei der Großschreibung, nehmen Sie die dazugehörige Fördersequenz, lesen die Einführung und blättern die Übungen durch, damit Sie sich einen Überblick über das angebotene Material verschaffen können. Gerade bei der Großschreibung kommt es darauf

an, *welche* Fehler dem Schüler unterlaufen sind: Wenn es sich um Falschschreibungen bei gängigen Wörtern handelt, schadet es nichts, die Übungen von Anfang an durchzunehmen, da sie aufeinander aufbauen und ihr Schwierigkeitsniveau sich kontinuierlich steigert. Handelt es sich um Falschschreibungen bei Sonderfällen wie *mehrteiligen Eigennamen, geographischen Ableitungen auf -isch* oder *Zeitangaben*, kann schon das entsprechende Kapitel ausreichen, um Klarheit zu schaffen.
- Zwingend erforderlich ist bei Fehlern in den Bereichen *Dopplung*, *s-Laute*, *i-Laut* und *Dehnung*, dass als Erstes die Sequenz *Betonung* durchgearbeitet wird. Der Grund: Die Lernserver-Methodik fußt in großen Teilen auf der Klangqualität des betonten Vokals. Erhielte der Schüler nicht die Gelegenheit, das Betonungsprinzip kennenzulernen und damit zu üben, würde das ein erfolgreiches Bearbeiten der oben genannten Sequenzen unnötig erschweren bis unmöglich machen.

Überlegungen zur Reihenfolge der Sequenzen

Bei der *Reihenfolge* der zu behandelnden Themen empfehlen wir immer (vorausgesetzt, es wurden dort auch Fehler gemacht), mit der
- *Umlautableitung* zu beginnen. Dieses Kapitel ist relativ überschaubar, leicht zu begreifen und nicht allzu umfangreich. Gute Voraussetzungen dafür, erste, schnelle Erfolge zu erleben und die eventuell verlorengegangene Motivation wiederzuerlangen. Danach könnte mit der
- *Auslautableitung* fortgefahren werden, weil sie einem ähnlichen Prinzip unterworfen ist wie die Umlautableitung. Anschließend würden wir die
- *Betonung* vorschlagen, da sie die Voraussetzung für die weiteren Kapitel darstellt:
- *Dopplung*
- *s-Laute*
- *i-Laut*
- *Dehnung*, wobei die Dehnung eines der schwierigsten Kapitel der deutschen Orthographie ist! Es wäre also zu überlegen, ob bei mittleren bis großen Problemen in der
- *Großschreibung* dieses Kapitel nicht vorgezogen werden sollte. Bei der Großschreibung handelt es sich ja in weiten Teilen um Grammatik, so dass das Thema hinsichtlich der Methodik für etwas Abwechslung im Übungsalltag sorgen könnte. Entscheiden Sie für jeden Schüler individuell, wie weit Sie hier bei den Sonderfällen gehen wollen. Die Grundregel zur Großschreibung ist relativ einfach zu durchschauen und anzuwenden, bei den Sonderfällen wird es knifflig... Zum Schluss könnten die
- *Gleichklingenden Buchstaben* durchgenommen werden. Lesen Sie im Leistungsprofil nach, in welchem der beiden Teilbereiche Fehler vorkamen (v-f oder x-Laut oder beides) und bieten Sie die entsprechenden Übungen an.

Es versteht sich, dass die empfohlene Reihenfolge nur dann gilt, wenn auch in den aufgeführten Bereichen Fehler passiert sind. „Leere" Kategorien im Leistungsprofil müssen nicht geübt werden, es sei denn, Ihnen fällt im Laufe des Arbeitens mit dem Schüler auf, dass er doch bei dem einen oder anderen Rechtschreibprinzip Unsicherheiten zeigt.
Ebenso ist es selbstverständlich, dass Sie die Reihenfolge variieren können, wenn es Ihnen bei einem Schüler sinnvoll erscheint oder es einen anderen Grund gibt, ein bestimmtes Thema vorzuziehen. Absolut notwendig ist aber, wie schon mehrfach erwähnt, das *Vorschalten der Betonungssequenz*, wenn Sie Dopplung, s-Laute, Dehnung und i-Laut durchnehmen möchten.

Und nun wünschen wir Ihnen, Ihren Schülern und Kindern viel Freude und Erfolg!

Petra Schönweiss, Friedrich Schönweiss
und das Lernserver-Team

Übungen zu den S-Lauten

Name:

Problemerkennung: Wo können im Wort s, ß und ss vorkommen? (Seite 1)

Aufgabe 1: Unterstreiche alle s, ß und ss, die in diesem Text vorkommen.

Achtung:
Da man bei „st" und „sp" am Wortanfang und bei „sch" nicht /s/ spricht, musst du diese Buchstabenverbindungen hier nicht beachten!

Beispiel: *Tischlermeister, Spaßvogel*

Berufswunsch: Tischler

Das Tischlerhandwerk ist einer der größten Handwerkszweige Deutschlands. Das Spektrum der Größen der Betriebe reicht vom Einmannbetrieb bis zu Unternehmen mit mehreren hundert Mitarbeitern.

Die Ausbildung zum Tischler dauert drei Jahre und erfolgt im Betrieb, in der Berufsschule und in überbetrieblichen Lehrwerkstätten. Sie schließt mit der Gesellenprüfung ab. Meist wird für eine Anstellung der erfolgreiche Besuch einer Hauptschule erwartet.

Ob modern oder klassisch – Tischler setzen die Einrichtungswünsche ihrer Kunden passgenau um. Dabei bieten sie nicht nur Privatkunden eine passende Lösung an. Ihre Fähigkeiten überzeugen auch im gewerblichen Objektbau, z.B. Ausbau von Arztpraxen, Läden oder Erholungseinrichtungen. Sie stellen Waren aus Holz, Holzwerk- und Kunststoffen her, wie z.B. Wohnzimmerschränke, Esstische, Haustüren oder Messeeinrichtungen.

Im Tischlerhandwerk wird heute oft mit computergesteuerten Maschinen gearbeitet. Mit ihnen wird gesägt, gebohrt, gehobelt oder geschliffen. Spezielle Pressen bringen unter hohem Druck und der Verwendung von Leim die Verbindung zustande. Auf der Hobelmaschine werden Holzteile in Form gebracht. Fräsen schaffen das endgültige Profil.

Da diese modernen Maschinen zum Einsatz kommen, entfallen schwere, körperlich anstrengende Tätigkeiten. Jedoch lässt sich das Heben von Lasten nicht gänzlich vermeiden. Trotzdem können auch Mädchen diesen Beruf erlernen. Geschmack für Form und Gestalt sowie Sinn für die Zweckhaftigkeit gehören auch zum Anforderungsprofil des Tischlerberufes.

Zu den Arbeitsbedingungen des Tischlers gehört ein hohes Maß an Lärm. Die Verwendung von Leim oder Lacken versetzt die Luft mit Lösungsmitteln. Deshalb muss bei manchen Arbeiten ein Mundschutz getragen werden.

Name:

Problemerkennung: Wo können im Wort s, ß und ss vorkommen? (Seite 2)

Aufgabe 2:

- **Trage alle Wörter mit s-Laut in die Tabelle ein.**
- **Ein Wort mit mehreren verschiedenen s-Lauten musst du *jeweils* einmal in jede richtige Spalte schreiben.**
- **Ein Wort, das mehrmals im Text vorkommt, musst du nur *einmal* eintragen.**

s		ss	ß

Aufgabe 3:

- Welcher s-Laut ist am häufigsten und an welcher Stelle im Wort kommt er vor?

____

- An welcher Stelle im Wort kann ß stehen? (Achte auf den betonten Vokal!)

____

- Wann ist ss möglich? (Achte auf den betonten Vokal!)

____

Name:

Problemerkennung: ß und Wortstamm

1. Unterstreiche Nomen, Verben und Adjektive, die nach dem betonten Vokal ein s oder ß im Wortstamm haben.

Ein Sommerfest

Am heißesten Tag des Jahres waren Lars, Kira und ihre Freunde wirklich fleißig: Die Straße wurde mit Girlanden geschmückt. Jetzt beginnt das Fest. Lars und seine Band erscheinen auf der Bühne. Ayse verwöhnt die Besucher mit Frittiertem und Soße. Doch als die Feier in vollem Gange ist, stoßen ungebetene Gäste dazu. Zuerst pöbeln sie herum und verteilen wüste Beschimpfungen. Dann fliegen Fäuste und Füße. Ayse steht hilflos daneben, während eine Schlägerei ausbricht. Am Ende rückt die Polizei an, die Rabauken flüchten und das Fest ist vorbei. Was für eine tolle Leistung!

2. Bilde von den unterstrichenen Wörtern den Stamm und sortiere nach s und ß.
(Der Wortstamm ist das, was übrigbleibt, wenn man Vorsilben und Endungen abtrennt.)

s im Stamm	ß im Stamm

3. Schau deine Tabelle zur 2. Aufgabe an.
Vergleiche die Spalten und ergänze die Merksätze:

Das **ß** steht immer nach einem __ __ __ __ __ __ betonten Vokal.

Auf das ß folgt im Wortstamm nie ein __ __ __ __ __ __ __ __ __ __.

Diskussion:
Wurde dir auch schon eine Feier durch Rabauken ruiniert? Wie hast du reagiert? Diskutiere mit Freunden darüber.

Name:

Lautliche Differenzierung s – ß

s oder ß?

Wenn der s-Laut
zwischen einem ***langen*** **betonten Vokal** und einem **unbetonten Vokal** steht,
kann er mit **s** oder **ß** verschriftet werden.
Zwischen zwei Vokalen kann man den Unterschied zwischen **s** und **ß** hören!

1. Lege einen Finger an deinen Kehlkopf und lies dir diese Wörter laut vor:

le**s**en, We**s**en, hei**s**er, Glei**s**e, Ra**s**en, Va**s**e, Wie**s**e, Kri**s**e

2. Jetzt lies diese Wörter laut vor. Lege wieder den Finger an den Kehlkopf:

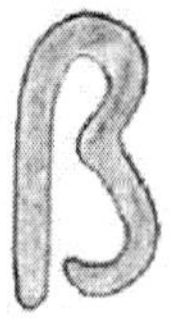

schie**ß**en, Spie**ß**er, Klö**ß**e, Blö**ß**e, am hei**ß**esten, flei**ß**ig
Wir sa**ß**en auf der Stra**ß**e.

3. Schreibe deine Beobachtungen hier auf:

____

____

4. Lass dir die Wörter, die im Lösungsteil unter 4. Wortdiktat stehen, von deinem Lehrer diktieren und schreibe sie in die passende Spalte:

s	**ß**
____________	____________
____________	____________
____________	____________
____________	____________
____________	____________

Name:

Sicherheit in der s-ß-Unterscheidung erlangen

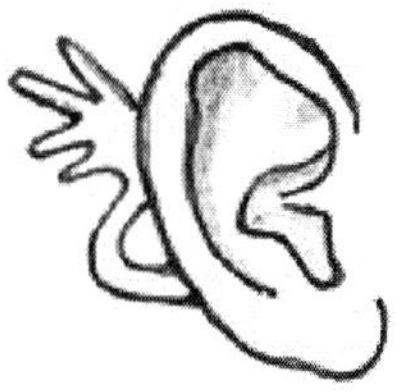

Hier kann man s und ß unterscheiden.

1. Fülle die Lücken.
2. Schreibe die Lückenwörter auf ein extra Blatt.

Tee und Baklava

Die Polizei suchte weiterhin nach Hinwei__en auf die Rabauken beim Stra__enfest. Unterdessen wollten Lars, Kira und Ayse den Vorfall vergessen und trafen sich mit drei__ig anderen Schulfreunden bei Ayse zu Hau__e. Zur Begrü__ung schenkte ihre Mutter den Gästen Tee nach türkischer Art ein. Dazu gab es selbstgemachtes Baklava, das Lars spitzenmä__ig fand. Dann ging es in den Partykeller, wo zu Mu__ik getanzt wurde. Es dauerte nicht lange, da zerdepperte Lars aus Versehen eine Tasse mit hei__em Tee. Leider bekam auch Kiras neue Blu__e dabei einige Spritzer ab. Kira war empört über Lars' tölpelhaftes Verhalten und ging nach drau__en. Da steckte Ayses Bruder Lars eine Ro__e zu und schickte ihn hinterher, bevor er zu Schaufel und Be__en griff. Als Lars die Blume seiner Freundin unter die Na__e hielt, musste sie grinsen und küsste ihn...

Baklava? Kann man das essen? Ja, es handelt sich um eine türkische Süßspeise, die du auch selbst herstellen kannst.

Die Zutaten sind:
350 g gemahlene Pistazien, 150 g Puderzucker, 1 EL Kardamon (Gewürz), 150 g Butter, 18 Blätter Filo-Teig (gibt es in türkischen Läden), 450 g Zucker, 300 ml Wasser,
30 ml Rosenwasser (in guten Supermärkten bei den Backzutaten oder in türkischen Läden erhältlich)
So geht es: Zucker und Wasser mit Rosenwasser 10 min. kochen und dann abkühlen lassen, so dass Sirup entsteht. Pistazien, Puderzucker und Kardamon vermischen. Den Backofen auf 160° vorheizen. Eine große Backform einfetten und den Boden mit Filo-Blättern bedecken, die vorher ebenfalls mit (geschmolzener) Butter bestrichen wurden. Dann die erste Hälfte des Pistazien-Zucker-Kardamon-Gemisches darauf verteilen. Jetzt kommt wieder eine Schicht eingebutterte Filo-Blätter, dann die zweite Schicht Pistazien-Mix und oben drauf die letzte Schicht eingebutterte Filo-Blätter. Zum Schluss wird das Ganze mit einem Messer mehrmals eingeschnitten, so dass kleine, rautenförmige Baklava-Stückchen entstehen, auf denen du den Rest der geschmolzenen Butter verteilst. Nun kommt der Backofen zum Einsatz: Alles wird 20 Minuten lang bei 160° gebacken, dann wird die Temperatur auf 200° erhöht. Backen, bis alles leicht golden ist (das dauert noch ca. 15 Minuten). Zu guter Letzt holst du das Blech aus dem Ofen und gießt den Sirup über das Gebäck.
Lass es dir und deinen Freunden schmecken!

Name:

Sicherheit in der s-ß-Unterscheidung erlangen

Hier kann man s und ß unterscheiden.

1. **Fülle die Lücken.**
2. **Schreibe die Lückenwörter auf ein extra Blatt.**

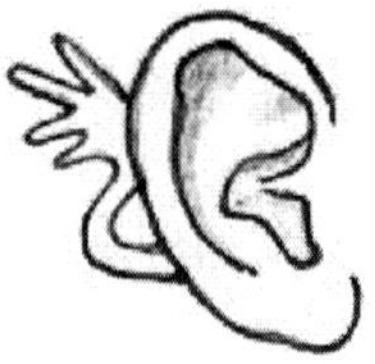

Tee und Baklava

Die Polizei suchte weiterhin nach Hinwei__en auf die Rabauken beim Stra__enfest. Unterdessen wollten Lars, Kira und Ayse den Vorfall vergessen und trafen sich mit drei__ig anderen Schulfreunden bei Ayse zuhau__e. Zur Begrü__ung schenkte ihre Mutter den Gästen Tee nach türkischer Art ein. Dazu gab es selbstgemachtes Baklava, das Lars spitzenmä__ig fand. Dann ging es in den Partykeller, wo zu Mu__ik getanzt wurde. Lars fing an, sich mächtig in Po__e zu schmei__en. Es dauerte nicht lange, da zerdepperte Lars aus Versehen eine Tasse mit hei__em Tee. Leider bekam auch Kiras neue Blu__e dabei einige Spritzer ab. Kira war empört über Lars' tölpelhaftes Verhalten und ging mit bö__em Blick nach drau__en. „Beziehungskri__e?" Ayses Bruder grinste. Dann steckte er Lars eine Ro__e zu und schickte ihn hinterher, bevor er zu Schaufel und Be__en griff. Als Lars die Blume seiner Freundin unter die Na__e hielt und damit Bu__e tat, musste sie grinsen und küsste ihn... Die Nachbarn, richtige Spie__er, schüttelten die Köpfe.

Baklava? Kann man das essen? Ja, es handelt sich um eine türkische Süßspeise, die du auch selbst herstellen kannst.

Die Zutaten sind:
350 g gemahlene Pistazien, 150 g Puderzucker, 1 EL Kardamon (Gewürz), 150 g Butter, 18 Blätter Filo-Teig (gibt es in türkischen Läden), 450 g Zucker, 300 ml Wasser,
30 ml Rosenwasser (erhältlich in guten Supermärkten oder in türkischen Läden)
So geht es: Zucker und Wasser mit Rosenwasser 10 min. kochen und dann abkühlen lassen, so dass Sirup entsteht. Pistazien, Puderzucker und Kardamon vermischen. Den Backofen auf 160° vorheizen. Eine große Backform einfetten und den Boden mit Filo-Blättern bedecken, die vorher ebenfalls mit (geschmolzener) Butter bestrichen wurden. Dann die erste Hälfte des Pistazien-Zucker-Kardamon-Gemisches darauf verteilen. Jetzt kommt wieder eine Schicht eingebutterte Filo-Blätter, dann die zweite Schicht Pistazien-Mix und oben drauf die letzte Schicht eingebutterte Filo-Blätter. Zum Schluss wird das Ganze mit einem Messer mehrmals eingeschnitten, so dass kleine, rautenförmige Baklava-Stückchen entstehen, auf denen du den Rest der geschmolzenen Butter verteilst. Nun kommt der Backofen zum Einsatz: Alles wird 20 Minuten lang bei 160° gebacken, dann wird die Temperatur auf 200° erhöht. Backen, bis alles leicht golden ist (das dauert noch ca. 15 Minuten). Zu guter Letzt holst du das Blech aus dem Ofen und gießt den Sirup über das Gebäck. Lass es dir und deinen Freunden schmecken!

Name:

Sicherheit in der s-ß-Unterscheidung erlangen

Hier kann man s und ß unterscheiden.
1. **Fülle die Lücken.**
2. **Schreibe die Lückenwörter auf ein extra Blatt.**

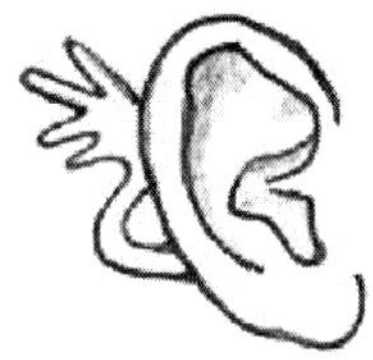

Tee und Baklava

Die Polizei suchte weiterhin nach Hinwei__en auf die Rabauken beim Stra__enfest. Unterdessen wollten Lars, Kira und Ayse den Vorfall vergessen und trafen sich mit drei__ig anderen Schulfreunden bei Ayse zuhau__e. Zur Begrü__ung schenkte ihre Mutter den Gästen Tee nach türkischer Art ein. Dazu gab es selbstgemachtes Baklava, das Lars spitzenmä__ig fand. Ayse trug ihre eigens verfassten Pro__atexte vor. Dann ging es in den Partykeller, wo zu Mu__ik getanzt wurde. Lars fing an, sich mächtig in Po__e zu schmei__en. Es dauerte nicht lange, da zerdepperte Lars aus Versehen eine Tasse mit hei__em Tee. Leider bekam auch Kiras neue Blu__e dabei einige Spritzer ab. Kira war empört über Lars' tölpelhaftes Verhalten und lief mit Getö__e nach drau__en. „Beziehungskri__e?" Ayses Bruder grinste. Dann steckte er Lars eine Ro__e zu und schickte ihn hinterher, bevor er zu Schaufel und Be__en griff. Als Lars die Blume seiner Freundin unter die Na__e hielt und damit Bu__e tat, musste sie grinsen und küsste ihn... Die Nachbarn, richtige Spie__er, schüttelten die Köpfe. Sie fanden Küsse auf offener Stra__e anstö__ig.

Baklava? Kann man das essen? Ja, es handelt sich um eine türkische Süßspeise, die du auch selbst herstellen kannst.
Die Zutaten sind:
350 g gemahlene Pistazien, 150 g Puderzucker, 1 EL Kardamon (Gewürz), 150 g Butter, 18 Blätter Filo-Teig (gibt es in türkischen Läden), 450 g Zucker, 300 ml Wasser,
30 ml Rosenwasser (erhältlich in guten Supermärkten oder türkischen Läden)
So geht es: Zucker und Wasser mit Rosenwasser 10 min. kochen und dann abkühlen lassen, so dass Sirup entsteht. Pistazien, Puderzucker und Kardamon vermischen. Den Backofen auf 160° vorheizen. Eine große Backform einfetten und den Boden mit Filo-Blättern bedecken, die vorher ebenfalls mit (geschmolzener) Butter bestrichen wurden. Dann die erste Hälfte des Pistazien-Zucker-Kardamon-Gemisches darauf verteilen. Jetzt kommt wieder eine Schicht eingebutterte Filo-Blätter, dann die zweite Schicht Pistazien-Mix und oben drauf die letzte Schicht eingebutterte Filo-Blätter. Zum Schluss wird das Ganze mit einem Messer mehrmals eingeschnitten, so dass kleine, rautenförmige Baklava-Stückchen entstehen, auf denen du den Rest der geschmolzenen Butter verteilst. Nun kommt der Backofen zum Einsatz: Alles wird 20 Minuten lang bei 160° gebacken, dann wird die Temperatur auf 200° erhöht. Backen, bis alles leicht golden ist (das dauert noch ca. 15 Minuten). Zu guter Letzt holst du das Blech aus dem Ofen und gießt den Sirup über das Gebäck.
Lass es dir und deinen Freunden schmecken!

Name:

Liste mit ß-Wörtern

**Manchmal ist es schwierig, den Unterschied zwischen s und ß zu hören.
Wenn du die Wörter mit ß auswendig kannst, bist du auf der sicheren Seite.**

Hier sind die wichtigsten Wörter mit ß:

außen
beißen
bloß
die Buße
draußen
dreißig
fleißig
fließen
das Floß
der Fuß
das Gefäß
geißeln
gemäß
das Gesäß
gießen
genießen
der Grieß
groß
der Gruß
heiß
heißen
der Kloß
mäßig

der Meißel
die Muße (Freizeit)
müßig (untätig)
Preußen
reißen (zerreißen)
der Ruß
scheußlich
schießen
schließen
schmeißen
der Schoß
der Schweiß
der Spaß
spießen
stoßen
die Straße
der Strauß
die Soße
süß
verdrießen
verschleißen
weiß

Name:

<u>Lerntipps für ß-Wörter:</u>

1. Tipp
Sind dir alle ß-Wörter bekannt?
Nimm ein Lexikon zur Hand und schlage die Wörter nach, deren Bedeutung du nicht kennst.

2. Tipp
Präge dir die Merkwörter ein. Wähle dazu eine oder mehrere der folgenden Möglichkeiten. Da es relativ viele Wörter sind, solltest du sie aufteilen. Du kannst z.B. jeweils zehn an einem Tag lernen.

Der Schriftsteller
Schreibe mit jedem Merkwort einen Satz.
Vielleicht schaffst du es sogar,
eine kleine Geschichte zu verfassen,
in der alle Merkwörter vorkommen.

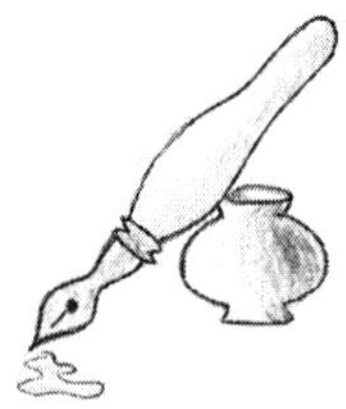

Der Maler
Male zu jedem Merkwort ein kleines Bild.
Falls dir keines einfällt, kannst du das
Wort auch als buntes Graffito gestalten.
Deiner Phantasie sind keine Grenzen gesetzt!

Der Komponist
Erfinde einen kurzen Song, in dem möglichst
viele Merkwörter auftauchen.
Du kannst einen bekannten Popsong
als Vorlage nehmen.
Oder fällt dir zu den Wörtern ein Rap ein?

3. Tipp
Schreibe die ß-Wörter auf kleine Zettel,
die du so zugeschnitten hast,
dass sie in eine Streichholzschachtel passen.
Hebe die beschrifteten Zettel in der Schachtel auf.

4. Tipp
Beginne mit den letzten Merkwörtern
und schreibe sie *auswendig* auf.
Wiederhole das, bis du es einmal ganz geschafft hast!

Name:

ß-Wörter wiederholen: Wortverwandte finden

1. Suche für die folgenden ß-Wörter mindestens einen Wortverwandten.
(Wenn dir zu manchen Wörtern kein Verwandter einfällt, benütze ein Wörterbuch.)

2. Unterstreiche ß.

außen: ____________________

bloß: ____________________

Buße: ____________________

fleißig: ____________________

Fuß: ____________________

Gruß: ____________________

geißeln: ____________________

groß: ____________________

heiß: ____________________

Kloß: ____________________

mäßig: ____________________

meißeln: ____________________

Muße: ____________________

Ruß: ____________________

Spaß: ____________________

Spieß: ____________________

Stoß: ____________________

süß: ____________________

weiß: ____________________

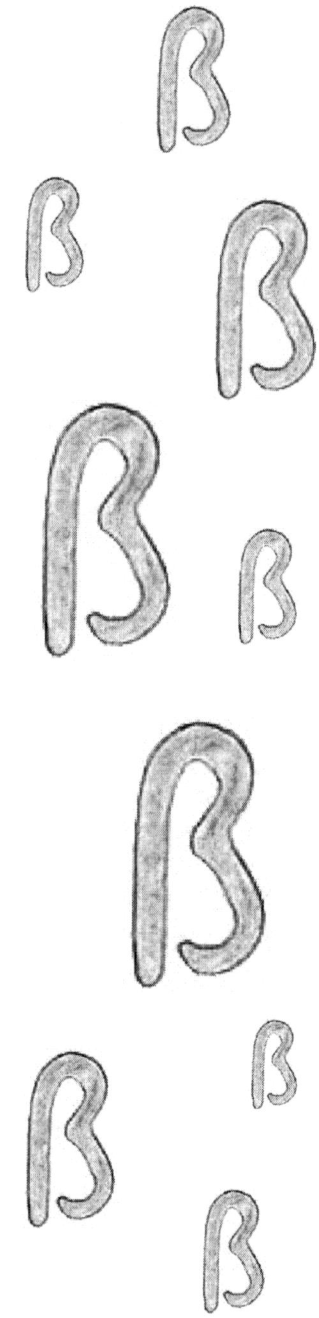

Name:

Gleichklang von s und ß am Silbenende und vor Konsonanten

1. Sprich dir die folgenden Wörter laut vor und höre zu: Wie klingen die s-Laute?

Gras – Spaß Floß – Los er schießt – er liest

Antwort: ______________________________

2. Wie könntest du bei obigen Wörtern die richtige Schreibung herausfinden?

Antwort: ______________________________

**3. Schaue in der Lösung die Antworten von Aufgabe 1 und 2 nach.
Versuche nun die Lücken zu füllen. Schreibe die „Hilfswörter" daneben.**

Das Mäu__chen hat sich unter dem Sofapolster häu__lich eingerichtet. ______________

Holger macht nur Spa__. ______________

Paul ist über den Hausaufgaben eingedö__t. ______________

Sag Britta einen schönen Gru__ von mir. ______________

Der Schornstein ist schwarz vom Ru__. ______________

Wer lie__t die Geschichte vor? ______________

Lars schmei__t vor Wut das Gla__ an die Wand. ______________

Irina hat ein niedliches Stupsnä__chen. ______________

Der Schiffbrüchige konnte sich mit einem Flo__ retten. ______________

Genie__t du die Ferien? ______________

Der Krankenwagen ra__t blinkend und hupend über die Autobahn. ______________

Er zerrei__t traurig ihren Abschiedsbrief. ______________

Frischer Schwei__ riecht nicht unbedingt unangenehm. ______________

„Jedes Lo__ gewinnt!", behauptet der Mann an der Jahrmarktsbude. ______________

Kornelia schie__t mit ihrem ultrakurzen Rock mal wieder den Vogel ab. ______________

Name:

Erkenntnis: Wann kommt ss vor? (Seite 1)

ss

Der zischende (stimmlose) s-Laut kann mit s, ss oder ß verschriftet werden. Wann du ß schreiben musst, solltest du jetzt wissen. Aber wann schreibt man **ss**?

Zum Totlachen

Carsten und seine Freunde stehen in ihrer Ecke auf dem Schulhof. Carsten hat sein Handy gezückt und gibt gerade einen Witz zum Besten. Als Robin, der neu in der Klasse ist, vorbeikommt, müssen die fünf Jungen noch lauter lachen. Robin fühlt sich dadurch provoziert und geht mit geballten Fäusten auf die Gruppe zu.

„Typisch Neger, gute Muskeln, aber nichts auf dem Kasten!“, meint Carsten mit gehässigem Grinsen.

„Das findest du wohl lustig!?“, fragt Robin. Als er Carsten an der Weste packt und festhält, schauen Lars und Kira herüber und wollen wissen, was da los ist. Robin deutet auf Carsten: „Du erzählst die ganze Zeit über rassistische Witze! Aber das lasse ich mir nicht gefallen! Ich bin in Deutschland geboren, wie du auch.“

„Und selbst wenn nicht: Menschen in Rassen einteilen zu wollen, um sich selbst irgendwie überlegen zu fühlen, ist der totale Stuss!“, erklärt Kira, die dabei auch an ihre Freundin Ayse denken muss.

Da meldet sich einer von Carstens Freunden zu Wort: „Das ist alles nicht so gemeint. Wir wollten ja nur testen, ob er Spaß versteht!“

Diskussion:

Was denkst du? War das „einfach nur Spaß“?
Würdest du rassistische Witze erzählen? Warum, warum nicht? Und welche Witze sind eigentlich rassistisch?
Suche dir einen oder mehrere Partner, mit dem du über diese Fragen sprechen kannst.
Wenn ihr möchtet, könnt ihr die Szene nachspielen und fortsetzen. Zu vergebende Rollen sind: Carsten, Robin und Kira. Lars hat übrigens noch gar nichts gesagt...

Name:

Erkenntnis: Wann kommt ss vor? (Seite 2)

Aufgabe 1: Sortiere die unterstrichenen Wörter in die Tabelle.

s	ss
______________	______________
______________	______________
______________	______________
______________	______________
______________	______________
______________	______________
______________	______________
	______________

Aufgabe 2: Betrachte die Buchstaben nach dem betonten Vokal.

Aufgabe 3: Vervollständige den Merksatz.

ss folgt immer auf einen _ _ _ _ _ _ _, _ _ _ _ _ _ _ _ _ _ Vokal.

Aufgabe 4: Formuliere mit deinen eigenen Worten eine Regel zu ss.

____

____

Name:

s oder ss? Spiel und Lückentext

Aufgabe 1: Spiel mit mehreren Partnern

- Ihr dreht einen Bleistift und der, auf den die Spitze zeigt, schreibt ein passendes Wort in eine der drei Spalten.
- Alle kontrollieren, ob das Wort passt und richtig geschrieben wurde.
- Dann geht es weiter, und zwar so lange, bis in einer der Spalten *fünf* richtige Wörter stehen.
- Der, der das letzte Wort geschrieben hat, bekommt für alle Wörter in allen drei Spalten jeweils einen Punkt.
- Spielt weiter, bis die zweite Spalte voll ist, und rechnet wieder ab.
- Wenn in der letzten Spalte fünf Wörter stehen, wird zum letzten Mal abgerechnet.
- Sieger ist, wer die meisten Punkte hat.

s folgt auf einen langen betonten Vokal	**s und ein weiterer Konsonant folgen auf einen kurzen betonten Vokal**	**ss folgt auf einen kurzen betonten Vokal**
Beispiel: *Hâse*	**Beispiel:** *Âst*	**Beispiel:** *krâss*
___________	___________	___________
___________	___________	___________
___________	___________	___________
___________	___________	___________
___________	___________	___________

Aufgabe 2: Wende dein Wissen jetzt an und fülle die Lücken mit s oder ss.

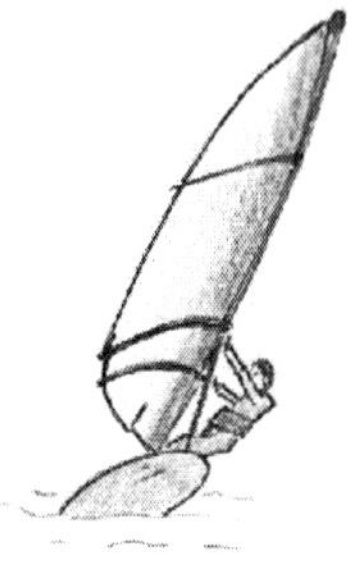

Windsurfen

Schon einmal davon geträumt, mit fa__t 100 km/h über das Wa__er zu ra__en? Gut, diese Spitzenlei__tung schaffen nur die be__ten Surfer der Welt, aber selbst die größten A__e haben einmal klein angefangen. Das sogenannte „Speedsurfen" ist dabei auch nur *eine* Möglichkeit, die__en Sport zu erleben und sich mit anderen zu me__en. Freestyle-Surfer zeigen kunstvolle Manöver oder vollführen Sprünge und Loopings, was nur bei gutem Wellengang funktioniert. Ein Surfer mu__ wi__en, ob die Winde aus Norden, Süden, O__ten oder We__ten bzw. auflandig oder ablandig bla__en. Da nur manche das Glück haben, am Meer zu wohnen, gehört das Rei__en zu die__em Sport dazu.

Name:

Schwach gebeugte Verben (Seite 1)

Sein Herz ra<u>s</u>te, als er ihre Hand fa<u>ss</u>te.

1. Bilde zu beiden Verben den Infinitiv (die Grundform).

er raste → ____________ er fasste → ____________

2. Erkläre mit deinen eigenen Worten, warum „er raste" mit einfachem „s" und „er fasste" mit doppeltem „ss" geschrieben wird.

____

____

3. Schau dir die Lösung zu Aufgabe 1 an. Musst du deine Erklärung verbessern?

4. Schreibe den Infinitiv des Verbs in die Klammer. Setze dann „s" oder „ss" ein.

Herzrasen

Sein Herz *ra<u>s</u>te (<u>rasen</u>)*, als er ihre Hand *fa<u>ss</u>te (<u>fassen</u>)*.

Seit drei Monaten waren Tim und Vanessa jetzt ein Paar. Immer wieder mu___te (__________) er an den Sommertag im Freibad denken, an dem er ihr zum ersten Mal begegnet war. Die Erinnerung war kein bisschen verbla___t (____________): Sie hatte auf der Wiese gelegen und in der Sonne gedö___t (__________), und er hatte den Mut gefunden, sie anzusprechen. Eine Woche später hatten sie sich zum ersten Mal gekü___t (___________).
Jeden Tag krei___ten (__________) seine Gedanken um sie. Sie pa___ten (__________) einfach perfekt zueinander, fand er. Nicht nur, weil er blass und pickelig war und sie blind, sondern auch, weil sie beide für ihr Leben gern Musik hörten und dabei schmu___ten (___________). „Ich rei___e (__________) bald mit meinen Eltern nach Rom!", hatte sie eines Abends gesagt, während sie seinen Nacken liebko___te (____________). „Ich vermi___e (____________) dich jetzt schon", war seine Antwort. Auf dem Flughafen nahmen sie lange Abschied und beinahe hätte sie deswegen den Flug verpa___t (____________). Tim schaute dem Flieger versonnen nach und war fest entschlossen, ihr treu zu bleiben.

Name:

Schwach gebeugte Verben (Seite 2)

Deine Meinung ist gefragt:

Tim liebt Vanessa, auch wenn sie blind ist.
Was glaubst du? Würde Vanessa Tim lieben, wenn sie sehen könnte? Warum? Warum nicht?

Hast du einen Freund bzw. eine Freundin?
Wie wichtig sind dir Äußerlichkeiten bei deinem Partner?

Denkst du, dass Tim seiner Freundin treu bleiben wird?
Und was ist mit dir? Wie wichtig ist dir Treue in einer Beziehung?

Name:

Problemerkennung:Stark gebeugte Verben

Er ließ es sich gut gehen und biss in einen Keks.

1. Bilde zu beiden Verben den Infinitiv (die Grundform).

er ließ → ______________ er biss → ______________

2. Überlege: Warum wird der stimmlose s-Laut einmal mit „ß“ und einmal mit „ss“ verschriftet?

____

____

____

3. Schau dir die Lösung zu Aufgabe 1 an. Musst du deine Erklärung verbessern?

4. Bilde jetzt die Verbformen nach folgendem Schema:

	3. Person Singular		
Infinitiv	**Präsens**	**Präteritum**	**Perfekt**
lassen	er lässt	er ließ	er hat gelassen
	er beißt		er hat gebissen
			er hat gegossen
messen			
		er schoss	
	er isst		

Name:

Stark gebeugte Verben: Üben im Spiel (Seite 1)

Partnerdiktat:

- Schneidet die beiden Kartensätze auf den folgenden Seiten aus, mischt die Karten und legt sie verdeckt vor euch hin.
- Zusätzlich braucht jeder einen Stift und einen Zettel.
- Dann geht es los: Der Jüngere von euch nimmt die oberste Karte und bildet mit der Verbform mündlich einen Satz.
- Er wiederholt die Verbform, die auf der Karte steht.
- Der andere schreibt die Verbform mit Infinitiv (Grundform) auf.
- Anschließend kontrolliert ihr gemeinsam, ob das Verb richtig geschrieben wurde.
- Wenn ja, gibt es die nächste Karte.
- Wenn nein, überlegt ihr gemeinsam, wo der Fehler liegt.
- Wechselt euch ab, bis alle Karten aufgebraucht sind.

Beispiel:
Jochen zieht die erste Karte. Darauf steht: „(er) aß“.
Jochen bildet einen Satz und sagt: „Er aß gern Hamburger - aß.“
Lisa schreibt: „essen - aß“.

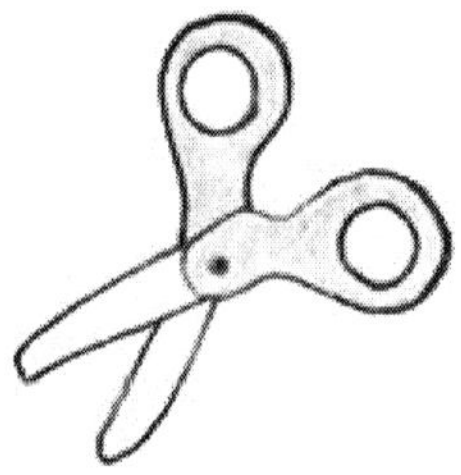

Kartensatz A

(er) las	(sie) schmiss	(er) schließt	(ich) habe gelesen
(sie) maß	(er) schoss	(ihr) lasst	(ich habe) gegessen
(sie) schmusten	(es) kreiste	(wir sind) gereist	(sie) küssten
(wir) rasteten	(du) meisterst	(er) geisterte	(sie) wussten
(es) reißt	(sie) hießen	(sie wurde) gehasst	(er) verlost

Name:

Stark gebeugte Verben: Üben im Spiel (Seite 2)

Kartensatz B

(ich habe) gelesen	(wir) lösten	(es ist) geschlossen	(sie) leisteten
(sie) misst	(er) hat geschlossen	(sie) verließ	(wir) aßen
(er hat) vergessen	(wir) gossen	(sie) saß	(ich) genoss
(es) floss	(er) schmiss	(sie) lasen	(du) wusstest
(es) riss	(er hat) weggeschmissen	(wir sind) zusammengestoßen	(sie) verloste

Name:

Schwach und stark gebeugte Verben: Automatisieren mit Partnerdiktat 1

Achtung: Anleitung und Diktatwörter stehen in den Lösungen!

Partner-Diktat 1

Name:

Schwach und stark gebeugte Verben: Automatisieren mit Partnerdiktat 2

Partner-Diktat 2

Name:

Vorsilbe „miss-“ und Nachsilbe „-nisse“

Eigentlich wird in Vor- und Nachsilben nicht gedoppelt.
Es gibt aber zwei Ausnahmen:
- Vorsilbe „**miss**-“: mi<u>ss</u>lingen
- Mehrzahl der Nachsilbe „-nis“: Geheimni<u>ss</u>e

1. Suche im Wörterbuch 10 Wörter mit „miss-“ und „Miss-“.

______________________ ______________________

______________________ ______________________

______________________ ______________________

______________________ ______________________

____

2. Welche Wörter passen in der <u>Mehrzahl</u> in die Lückensätze?

Erkenntnis Hindernis Ergebnis Zeugnis
Verhältnis Geheimnis Kenntnis Ereignis

Einer Bewerbung sind zumeist mehrere ______________ beizufügen.

Die ______________ des Eignungstests entscheiden über eine mögliche Einstellung.

Der Ausbildungsbeginn zählt zu den wichtigen ____________ im Leben.

Der Auszubildende muss grundlegende mathematische ______________ besitzen.

Beim Einstieg in die Arbeitswelt hat man zahlreiche ______________ zu überwinden.

Mit der Ausbildungsvergütung sollte man nicht über seine ________________ leben.

Der Auszubildende gewinnt täglich neue ________________.

Firmeneigene Informationen müssen als ________________ bewahrt werden.

Name:

s, ß oder ss? Vertiefen des Gelernten (Seite 1)

Was fehlt hier: s, ß oder ss?

Klettern in der Todeszone

Uns trennten blo___ noch 200 Höhenmeter vom Gipfel. Eigentlich ein Klack___, wenn man bedenkt, dass der K2 mit seinen 8611 Metern der zweithöchste Berg der Welt ist. Es war lau___ig kalt und dü___ter. Der Wind blie___ stetig, aber es schneite wenigsten___ nicht. Wenn die Wetterverhältni___e so blieben, mü___ten wir bald ganz oben sein. Lang___am ging mir nämlich die Pu___te au___. Jeder Schritt, jeder Atemzug war müh___am und qualvoll. Ein scheu___licher Reizhu___ten und unerträglicher Dur___t plagten mich, ausgelö___t durch die niedrigen Temperaturen und die trockene Luft in die___er extremen Höhe. Ich wu___te zwar aus Erfahrung, dass ich noch viele Stunden so weitergehen könnte, wenn ich wollte. Aber wollte ich wirklich? Der Spa___ am Bergsteigen war mir durch den Stre___ des endlo___ währenden Aufstiegs schon läng___t abhandengekommen. Mir fiel gerade ab___olut nicht mehr ein, wozu ich diese Anstrengung eigentlich auf mich nahm.

Lu___tlo___ entschlo___ ich mich zu einer kurzen Ra___t, um eine Ta___e hei___es Wa___er zu trinken und einen Mü___liriegel mit Nü___en zu e___en. Ich lie___ mich vor___ichtig nieder. So mie___ hatte ich mich schon lange nicht mehr gefühlt.

„Wa___ ist lo___?“, schrie mein Kletterpartner Hans mit hei___erer Stimme von unten herauf. „Alle___ be___ten___!“, krächzte ich zurück, was die reine Lüge war. Ich sa___ vollkommen erschöpft auf einem winzigen Fel___vorsprung auf die___em extrem abschü___igen Hang und war nicht einmal dazu imstande, die gro___artige Landschaft des Karakorums mit seinen unendlich vielen wei___en Gipfeln zu genie___en. Ich konnte gerade noch stumpfsinnig vor mich hin starren und die Finger in den dicken Fäu___tlingen bewegen, um sie am Erfrieren zu hindern.

Nun hatte mich Hans erreicht. Er war totenbla___. Tapfer ver___uchte er ein Grin___en, brachte jedoch nur eine gru___elige Grima___e zustande. „Weiter“, flü___terte er mit ersterbender Stimme. Ich ri___ mich zusammen und setzte wieder brav einen Fu___ vor den anderen. Rechts, links, rechts, links. Pau___e. Und wieder: Rechts, links ... Es ko___tete mich unendliche Kraft. Mein Herz ra___te, meine Lunge pfiff wie ein Dampfke___el und ich konnte förmlich

Name:

s, ß oder ss? Vertiefen des Gelernten (Seite 2)

spüren, wie dickflü___ig und zäh mein Blut durch die Adern flo___. Pau___e! Ich warf einen Blick nach oben und versuchte die Entfernung zum hei___ ersehnten Gipfel abzume___en. Noch 100 Meter vielleicht. *Hoffentlich* nur noch 100 Meter. Mein Hirn befahl meinen Mu___keln weiterzumachen. Und tatsächlich, ich konnte es kaum fa___en, aber meine Beine setzten sich wieder in Bewegung. Rechts, links, rechts, links. Pau___e. Mein Atem ra___elte. Oder war es der von Hans? Egal! Verbi___en wühlten wir uns durch die Schneema___en, immer weiter, mit ei___erner Disziplin. Es war mir ein Rät___el, woher wir die nahmen. Früher in der Schule, bei den Hau___aufgaben, wäre ich froh gewe___en, wenn ich so viel Tatkraft hätte aufbringen können. Aber be___er spät, als nie! Rechts, links, rechts, links. Pau___e. Die Steilheit des Geländes erforderte noch einmal unsere ge___amte Aufmerk___amkeit. Doch endlich wurde der Hang flacher. Das war der Hinwei___ darauf, dass der höchste Punkt des K2 direkt vor uns lag. Nur noch drei___ig Meter vielleicht! Die letzten Schritte wurden uns versü___t durch die Aussicht auf das baldige Ziel.

Wir mobilisierten noch einmal alle Kraftreserven, und dann war es so weit. Ich konnte es kaum glauben: Wir standen auf dem Gipfel des schwierig___ten Acht-tau___enders der Welt! Ein au___erordentliches Gefühl von Glück, Erleichterung und Zufriedenheit durchströmte gleicherma___en meine gefolterte Bru___t. Alle Müh___al war verge___en. Was waren wir stolz auf unsere Lei___tung. Begei___tert schüttelten wir uns die Hände und umarmten uns lange und heftig. Anschlie___end packte jeder seine Kamera aus, und wir fotografierten im Krei___ herum das atemberaubende Panorama. Erstens, um das wundervolle Erlebni___ und die ko___tbaren Minuten des Erfolgs auf ewig fe___tzuhalten, und zweitens natürlich auch als Bewei___ dafür, dass wir tatsächlich oben angekommen waren. Tja, und dann mu___ten wir schon wieder an den Abstieg denken. Es war gefährlich, bei diesem ei___kalten Wind zu lange auszuharren. Au___erdem durfte es nicht dunkel werden, bevor wir das er___te Biwaklager erreicht hätten. Selbstverständlich wu___ten wir, dass sich die mei___ten Unfälle auf dem Rückweg ereignen. Die Ur___achen sind häufig Unacht___amkeit und mangelnde Konzentration. Al___o, jetzt noch einmal gut aufgepa___t! Entschlo___en, all unsere bergsteigerischen Kenntni___e auch jetzt sinnvoll einzu___etzen, verlie___en wir den Gipfel. Und wir hatten ma___lo___es Glück: Trotz eines abgeri___enen Seils und völlig verschli___ener Handschuhe ist uns der Abstieg keineswegs mi___lungen.

Name:

s, ß oder ss? Informeller Abschlusstest

Was ist richtig: s, ss oder ß?

Berufswahl

Blo___ noch dieses Schuljahr und die Entla___ung rückt immer näher.

Mit Flei___werden die Prüfungsarbeiten geschrieben.

Scheu___lich – dieser Stre___!

Doch anschlie___end kann man mit Mu___e die Freizeit genie___en.

Was aber tun, wenn der Abschlu___ geschafft ist? Lehre? Studium?

Viele Überlegungen sau___en durch den Kopf, Ideen sprie__en und werden verworfen. Die vielfältigen Möglichkeiten überfordern so einige angehende Entla___schüler. Der Entscheidungsdruck wird dabei stetig grö___er und die Entschlu___kraft sinkt. Manche Jugendliche reagieren mit dem sogenannten "Vogel-Strau___-Verhalten". Sie ducken sich weg vor dem hohen Ma___ an Verantwortung, das diese Entscheidung mit sich bringt.

Das mu___ nicht sein. Es ist ratsam, sich so früh wie möglich mit dem Thema Zukunftsplanung zu beschäftigen. Schon zwei Jahre vor Schulabschlu___ sollte man sich einigen aufschlu___reichen Fragen stellen: Wer bin ich? Was kann ich? Was will ich werden?

Am Anfang dieser Überlegungen steht mei___tens eine Selbsterforschung. Die eigenen Intere___en kann man beim Ausfüllen eines Tests ermitteln. Wer sich für soziale Belange interessiert, für den eignet sich vielleicht der Beruf des Krankenpflegers oder der Erzieherin. Allerdings nur bei angeme___enem Schulabschlu___ und Zeugni___. Gespräche mit Eltern oder Freunden verbe___ern die Selbsteinschätzung.

Es gilt: Be___er vorher informieren, als nachher alles hinschmei___en mü___en. Au___erdem verdrie___t viele die Lage am Arbeitsmarkt. Ausbildungsplätze sind in manchen Berufszweigen nur mä___ig vorhanden. Daher hei___t es: Das traute Heim verla___en und zur Berufsberatung dü___en.

Name:

das oder dass? Sätze bilden mit „das“

das oder **dass**?

„das“ und „dass“ kann man leicht verwechseln, wenn sie nach einem Komma stehen und einen Nebensatz einleiten. Aber: „das“ bezieht sich immer auf ein sächliches Nomen im Hauptsatz und kann immer durch „welches“ ersetzt werden. Beispiel:

Das Hemd, **das** du dir gekauft hast, sieht echt gut aus.

1. Denke dir nach den Vorgaben eigene kurze Sätze mit „das“ aus. Unterstreiche das Nomen, auf das das „das“ sich bezieht.

Das Spiel, das ______________________________, war wirklich schlecht.

Das Gerät, ______________________________.

Das Stück, ______________________________.

Das Festival, ______________________________.

Das Skateboard, ______________________________.

Das Filmprojekt, ______________________________.

2. Ersetze jetzt in jedem Satz „das“ durch „welches“.

____

____

____

____

____

____

Name:

das oder dass? Sätze bilden mit „dass“

das oder **dass**?

„dass“ steht als Konjunktion (Verbindungswort) zwischen einem Haupt- und einem Nebensatz.
Man kann kein anderes Wort dafür einsetzen. Beispiel:

Ich denke, dass du das verstehst.

Verbinde passende Sätze miteinander.
Schreibe sie dann in dein Heft und verwende das Bindewort „dass“.

Es freut mich,	die Arbeit nicht enden will.
Es ärgert mich,	die Vögel singen.
Ich denke,	Schalke verloren hat.
Sie hofft,	sie nicht mehr an ihn denkt.
Er befürchtet,	wir morgen zur Schule müssen.
Sie meint,	die Cola schon warm ist.
Er glaubt,	der Müll endlich weg ist.
Es stört den Lehrer,	das Konzert umsonst ist.
Da freut sich der Hausmeister,	die neue CD bald erscheint.
Kira denkt,	auch du den Unterschied verstehst.
Es ist schade,	heute Feiertag ist.
Ich will,	die Rolling Stones ihr 50. Jubiläum feiern.
In der Zeitung wird berichtet,	kein Mensch zuhört.

Name:

das oder dass? Informeller Abschlusstest

1. Setze in die Lücken „das“ oder „dass“ richtig ein.

Das „DAS“

Das „DAS“ ist schon eine seltsame Clique. Die drei sind so unterschiedlich!
„D“ steht für Dorothea. Sie hasst es, ______ ihre Lehrer sie so nennen. Sie besteht darauf, ______ man sie „Doro“ nennt. Jeder weiß, ______ ihre Lieblingsband „The Cure“ heißt und ______ sie immer schwarze Klamotten trägt. ______ Kreuz, ______ um ihren Hals hängt, ist ______ keltische Kreuz. ______ „Hexenhaus“ ist ihre Lieblingsdisko; dort spielen sie Gothic, Wave und Indie-Rock. ______ einzige Fach, für ______ sie gerne arbeitet, ist Philosophie. Sie steht auf Fragen wie: „Wo ist der Wind, wenn er nicht weht?“
„A“ steht für Ali. Manche denken, ______ er aus der Türkei kommt. Aber das stimmt nicht, er ist in Deutschland geboren. ______ Hemd, ______ er am liebsten trägt, ist schwarz und zeigt einen silbernen Drachen. Sein Lieblingsgetränk, ______ er täglich literweise trinkt, ist Cola. Er findet, ______ Doro einen schlimmen Musikgeschmack hat, obwohl ihm ______ eine Album von „The Cure“, ______ er einmal bei ihr gehört hat, gut gefällt. Er findet aber auch, ______ ihr Kleidergeschmack viel besser ist als bei allen anderen auf der Schule. Sein Hobby, ______ er stundenlang betreibt, ist das Surfen im Internet.

„S“ steht für Sascha. Er meint, ______ Bob Marley der größte Reggae-Musiker ist, der je gelebt hat. Seine Leidenschaft ist ______ Surfen auf dem Wasser. ______ Tier, ______ er am meisten mag, ist seine Katze. ______ Markenzeichen, ______ er immer bei sich trägt, ist sein rotes Käppi. Und er freut sich auf das Auto, ______ er zu seinem achtzehnten Geburtstag geschenkt bekommen wird. Er findet, ______ Doro süß ist. Aber leider ist die davon überzeugt, ______ Frauen die besseren Männer sind.
Was ist das nun für ein Hobby, ______ diese drei miteinander teilen? Jedes Wochenende treffen sie sich zum LAN-Spielen. Zwischendurch essen sie bei Alis Vater einen Döner. ______ Dönerfleisch dort ist das beste in der ganzen Stadt, darüber sind sie sich einig.

2. Schau Dir jetzt die Lösung an und vergleiche.
Für jedes richtig geschriebene „das“ bzw. „dass“ gibt es einen Punkt.

Lösungen zu den S-Lauten

Problemerkennung: Wo können im Wort s, ß und ss vorkommen?

<u>Hinweis für den Lehrenden:</u>

Die Schreibung der s-Laute hängt ab von der Differenzierung zwischen stimmhaft und stimmlos.
Bei dieser einführenden Übung soll jedoch zunächst eine Regelhaftigkeit darüber herausgefunden werden, wann die einzelnen s-Laut-Schreibungen überhaupt möglich sind. Dabei sollten die Schüler erkennen, dass auch hier wieder der betonte Vokal eine wesentliche Rolle spielt.
Das „einfache" s kommt am häufigsten vor und es kann an nahezu jeder Stelle im Wort stehen. Hört man /s/, kann man in den meisten Fällen also beruhigt „s" schreiben.
Aufpassen muss man *nur* nach dem *betonten* Vokal:
- Ist er lang, könnte ein ß folgen.
- Ist er kurz, könnte ss richtig sein (es gilt die allgemeine Dopplungsregel).

Mit dieser Erkenntnis ist schon viel gewonnen. Sie wird in den nächsten Übungen noch weiter verfeinert werden.

Aufgabe 2:

- Trage alle Wörter mit s-Laut in die Tabelle ein.

s		ss	ß
Berufswunsch		klassisch	größten
das	Haustüren	passgenau	Größen
ist	gesägt	passende	schließt
Handwerkszweige	Fräsen	Esstische	Maß
Deutschlands	diese	Messeeinrichtungen	
bis	Einsatz	Pressen	
Ausbildung	sich	lässt	
Berufsschule	Lasten	muss	
Sie	sowie		
Gesellenprüfung	Sinn		
meist	Anforderungsprofil		
Besuch	Tischlerberufes		
setzen	Arbeitsbedingungen		
Einrichtungswünsche	des		
Lösung	Tischlers		
Ausbau	hohes		
Erholungseinrichtungen	versetzt		
aus	Lösungsmitteln		
Kunststoffe	deshalb		

- Welcher s-Laut ist am häufigsten und an welcher Stelle im Wort kommt er vor?

„s" ist am häufigsten. Es kann am Anfang, in der Mitte und am Ende des Wortes und nach Konsonanten und unbetonten und betonten Vokalen auftauchen.

- An welcher Stelle im Wort kann ß stehen? (Achte auf den betonten Vokal!)

„ß" kann nur nach <u>langen</u> betonten Vokalen stehen: das Mâß

- Wann ist ss möglich? (Achte auf den betonten Vokal!)

„ss" kann nur nach <u>kurzen</u> betonten Vokalen vorkommen: die Prêsse

Problemerkennung: ß und Wortstamm

Hinweise für den Lehrenden:

„s":

Ein „einfaches s" kann überall in einem geschriebenen Wort vorkommen: Am Anfang, in der Mitte, am Ende, nach betonten und unbetonten Vokalen und nach Konsonanten.

Allerdings gibt es zwei lautliche Varianten:

1. Eine stimmlose, gezischte, dargestellt nach IPA mit [s]. Diese Variante finden wir am Wort- bzw. Silben*ende* und vor Konsonanten: Haus, Muskel, Fest
2. Eine stimmhafte, gesummte, dargestellt nach IPA mit [z]. Diese Variante ist am Wort- bzw. Silben*anfang* zu finden: Sattel, Meise

Normalerweise sprechen wir /s/ als *Einzel*laut und im ABC in der stimmlosen Variante.

„ß":

Das „ß" ist eine graphische Sonderform von [s]. Es wird immer stimm*los* gesprochen, auch wenn es am Silbenanfang steht. Das Besondere am „ß" ist, dass es nur nach *langen betonten Vokalen* vorkommen kann, und auch dann nur, wenn im *Wortstamm kein weiterer Konsonant* folgt.

Anders ausgedrückt:

„ß" kann nur dann im Wortstamm eines Wortes vorkommen, wenn es in der zweisilbigen Wortform am Anfang der zweiten Silbe steht.

Stra-ße

weiß → wei-ße aber: Geist → Geis-ter

---

1. Unterstreiche Nomen, Verben und Adjektive, die nach dem betonten Vokal ein s oder ß im Wortstamm haben.

Ein Sommerfest

Am heißesten Tag des Jahres waren Lars, Kira und ihre Freunde wirklich fleißig: Die Straße wurde mit Girlanden geschmückt. Jetzt beginnt das Fest. Lars und seine Band erscheinen auf der Bühne. Ayse verwöhnt die Besucher mit Frittiertem und Soße. Doch als die Feier in vollem Gange ist, stoßen ungebetene Gäste dazu. Zuerst pöbeln sie herum und verteilen wüste Beschimpfungen. Dann fliegen Fäuste und Füße. Ayse steht hilflos daneben, während eine Schlägerei ausbricht. Am Ende rückt die Polizei an, die Rabauken flüchten und das Fest ist vorbei. Was für eine tolle Leistung!

2. Bilde von den unterstrichenen Wörtern den Stamm und sortiere nach s und ß.

s im Stamm	*ß im Stamm*
Fest Gast wüst Faust Leist-	heiß fleiß- Straße Soße stoß- Füß-

3. Vergleiche und ergänze den Merksatz:

Das **ß** steht immer nach einem **langen** betonten Vokal.

Auf das **ß** folgt im Wortstamm nie ein **Konsonant**.

Lautliche Differenzierung s – ß

Hinweis für den Lehrenden:

Das stimmhafte (weiche) s und das stimmlose (harte) ß sind nur dann akustisch zu unterscheiden, wenn sie zwischen zwei Vokalen bzw. am Anfang einer Silbe stehen, vgl.: rei**s**en – hei**ß**en.
Am Ende einer Silbe und vor einem Konsonanten wird „s" ebenfalls stimmlos gesprochen: Gla**s**, du ra**s**t.
In diesen Fällen muss man, um die richtige Schreibung herauszufinden, eine zweisilbige Form des Wortes bilden, bei der der s-Laut am Anfang der Silbe zu stehen kommt.
Voraussetzung dafür, dass man s und ß akustisch unterscheiden kann, ist natürlich, dass man diese beiden Laute korrekt spricht.

Zur Förderung:

Zunächst sollte getestet werden, ob der Schüler dazu imstande ist, [s] und [z] akustisch zu unterscheiden. Leider ist diese Differenzierung nicht einfach. Erstens ist der klangliche Unterschied sowieso marginal und zweitens wird in manchen Dialekten die Unterscheidung *stimmhaft-stimmlos* gar nicht oder nicht korrekt vorgenommen:
So wird z.B. in Süddeutschland der Wortanfang fälschlicherweise mit stimmlosem [s] gesprochen, also [sa:gə] statt [za:gə]. Das ist zum Glück für die Schreibung nicht problematisch, da am Wortanfang sowieso kein ß stehen kann.
In anderen Teilen Deutschlands allerdings wird das scharfe ß *nicht* „scharf" artikuliert, sondern weich, z.B.: [zo:zə] statt [zo:sə], also mit zwei stimmhaften s-Lauten. In diesem Fall ist es dann natürlich für die Kinder schwer herauszufinden, ob sie in der Wortmitte s oder ß schreiben müssen.

Wie kann man vorgehen?

Wichtig ist zunächst, dass die Lehrkraft selbst möglichst korrekt spricht und den Schüler dazu anhält, es ihr gleichzutun. Des Weiteren kann der unterschiedliche Klang auch dadurch deutlich gemacht werden, dass beim stimmhaften s-Laut der Kehlkopf vibriert, wenn man den Finger darauf legt, weil die Stimme (die Stimmlippen) mit an der Bildung beteiligt sind. Beim stimmlosen s-Laut ist dies nicht der Fall.
Oder man spricht bei zugehaltenen Ohren abwechselnd Wörter mit s oder ß. Hier kann der Unterschied zwischen stimmhaft und stimmlos zusätzlich über die Körperwahrnehmung erfahren werden.
Falls festgestellt wird, dass nach einigen Hörübungen die lautliche Differenzierung immer noch große Probleme bereitet, wäre die Arbeit mit der **ß-Wortliste** eine sinnvolle Alternative.

Zur Übung:

Wünschenswert wäre natürlich, wenn die Schüler selbst feststellen würden, dass der s-Laut in der erstens Aufgabe summend klingt und das ß in der zweiten Aufgabe zischend. Wenn nicht, ist es auch nicht so schlimm, aber in diesem Fall müssen die Beobachtungen dann gemeinsam gemacht und aufgeschrieben werden.

Das Wortdiktat in Aufgabe 4 kann natürlich noch beliebig ergänzt werden, wenn es nötig sein sollte. Es soll als Test dafür dienen, ob der Schüler die stimmhaften und stimmlosen Laute unterscheiden kann. Deshalb werden auch nicht ganz alltägliche Wörter verwendet.

---

3. Schreibe deine Beobachtungen hier auf.

Bei den Wörtern mit /s/ vibriert der Kehlkopf. Der Laut klingt summend, wie eine Fliege.
Bei den Wörtern mit /ß/ tut sich nichts am Kehlkopf. Der Laut klingt zischend, wie eine Schlange.

4. Wortdiktat:

Bitte auf die korrekte Aussprache achten: s = stimmhaft, summend; ß = stimmlos, zischend.

Gefäße, Käse, losen, rußig, Preiselbeere, sprießen, verschleißen, blasen, rußig, mäßig, Bluse

Sicherheit in der s-ß-Unterscheidung erlangen

Hinweis für den Lehrenden:
Die Lückenwörter wurden so gewählt, dass s und ß zwischen zwei Vokalen stehen und deshalb akustisch in stimmhaft und stimmlos zu unterscheiden sind. Voraussetzung für die Differenzierung dieser beiden Laute ist, wie schon erwähnt, dass der Schreiber sie auch korrekt spricht.
Einige Wörter werden wahrscheinlich sowieso schon im lexikalischen Gedächtnis gespeichert sein; es geht hier aber auch noch darum, das „Warum" der unterschiedlichen Schreibweisen zu verstehen und sich vor Augen zu führen, *wo* überhaupt ein ß im Wort vorkommen kann.

Falls ein Schüler große Schwierigkeiten hat, s und ß über das Gehör zu unterscheiden, ist das **Auswendiglernen der ß-Wörter** der sinnvollere Weg (siehe Übung 5). Zumindest hilft ihm aber schon das Wissen ein gutes Stück weiter, dass ß nur zwischen einem *langen* betonten Vokal und einem unbetonten Vokal vorkommen kann (und nur in deutschen Wörtern, nicht in Fremdwörtern!).

Die Form des **Lückendiktats** ermöglicht das selbstständige Arbeiten und das Fokussieren auf einen bestimmten Rechtschreibbereich. Sinnvoll ist aber immer, das ganze Wort danach noch einmal im Ganzen aufzuschreiben.

Tee und Baklava

Die Polizei suchte weiterhin nach Hinweisen auf die Rabauken beim Straßenfest. Unterdessen wollten Lars, Kira und Ayse den Vorfall vergessen und trafen sich mit dreißig anderen Schulfreunden bei Ayse zuhause. Zur Begrüßung schenkte ihre Mutter den Gästen Tee nach türkischer Art ein. Dazu gab es selbstgemachtes Baklava, das Lars spitzenmäßig fand. Dann ging es in den Partykeller, wo zu Musik getanzt wurde. Es dauerte nicht lange, da zerdepperte Lars aus Versehen eine Tasse mit heißem Tee. Leider bekam auch Kiras neue Bluse dabei einige Spritzer ab. Kira war empört über Lars' tölpelhaftes Verhalten und ging nach draußen. Da steckte Ayses Bruder Lars eine Rose zu und schickte ihn hinterher, bevor er zu Schaufel und Besen griff. Als Lars die Blume seiner Freundin unter die Nase hielt, musste sie grinsen, und küsste ihn...

Merke: „Musik" ist ein Fremdwort; in Fremdwörtern kann kein ß vorkommen.

Sicherheit in der s-ß-Unterscheidung erlangen

Hinweis für den Lehrenden:
Die Lückenwörter wurden so gewählt, dass s und ß zwischen zwei Vokalen stehen und deshalb akustisch in stimmhaft und stimmlos zu unterscheiden sind. Voraussetzung für die Differenzierung dieser beiden Laute ist, wie schon erwähnt, dass der Schreiber sie auch korrekt spricht.
Einige Wörter werden wahrscheinlich sowieso schon im lexikalischen Gedächtnis gespeichert sein; es geht hier aber auch noch darum, das „Warum" der unterschiedlichen Schreibweisen zu verstehen und sich vor Augen zu führen, *wo* überhaupt ein ß im Wort vorkommen kann.

Falls ein Schüler große Schwierigkeiten hat, s und ß über das Gehör zu unterscheiden, ist das **Auswendiglernen der ß-Wörter** der sinnvollere Weg (siehe Übung 5). Zumindest hilft ihm aber schon das Wissen ein gutes Stück weiter, dass ß nur zwischen einem *langen* betonten Vokal und einem unbetonten Vokal vorkommen kann (und nur in deutschen Wörtern, nicht in Fremdwörtern!).

Die Form des **Lückendiktats** ermöglicht das selbstständige Arbeiten und das Fokussieren auf einen bestimmten Rechtschreibbereich. Sinnvoll ist aber immer, das ganze Wort danach noch einmal im Ganzen aufzuschreiben.

Tee und Baklava

Die Polizei suchte weiterhin nach Hinweisen auf die Rabauken beim Straßenfest. Unterdessen wollten Lars, Kira und Ayse den Vorfall vergessen und trafen sich mit dreißig anderen Schulfreunden bei Ayse zuhause. Zur Begrüßung schenkte ihre Mutter den Gästen Tee nach türkischer Art ein. Dazu gab es selbstgemachtes Baklava, das Lars spitzenmäßig fand. Dann ging es in den Partykeller, wo zu Musik getanzt wurde. Lars fing an, sich mächtig in Pose zu schmeißen. Es dauerte nicht lange, da zerdepperte Lars aus Versehen eine Tasse mit heißem Tee. Leider bekam auch Kiras neue Bluse dabei einige Spritzer ab. Kira war empört über Lars' tölpelhaftes Verhalten und ging mit bösem Blick nach draußen. „Beziehungskrise?" Ayses Bruder grinste. Dann steckte er Lars eine Rose zu und schickte ihn hinterher, bevor er zu Schaufel und Besen griff. Als Lars die Blume seiner Freundin unter die Nase hielt und damit Buße tat, musste sie grinsen und küsste ihn... Die Nachbarn, richtige Spießer, schüttelten die Köpfe.

Merke: „Musik" ist ein Fremdwort; in Fremdwörtern kann kein ß vorkommen.

Sicherheit in der s-ß-Unterscheidung erlangen

Hinweis für den Lehrenden:
Die Lückenwörter wurden so gewählt, dass s und ß zwischen zwei Vokalen stehen und deshalb akustisch in stimmhaft und stimmlos zu unterscheiden sind. Voraussetzung für die Differenzierung dieser beiden Laute ist, wie schon erwähnt, dass der Schreiber sie auch korrekt spricht.
Einige Wörter werden wahrscheinlich sowieso schon im lexikalischen Gedächtnis gespeichert sein; es geht hier aber auch noch darum, das „Warum" der unterschiedlichen Schreibweisen zu verstehen und sich vor Augen zu führen, *wo* überhaupt ein ß im Wort vorkommen kann.

Falls ein Schüler große Schwierigkeiten hat, s und ß über das Gehör zu unterscheiden, ist das **Auswendiglernen der ß-Wörter** der sinnvollere Weg (siehe Übung 5). Zumindest hilft ihm aber schon das Wissen ein gutes Stück weiter, dass ß nur zwischen einem *langen* betonten Vokal und einem unbetonten Vokal vorkommen kann (und nur in deutschen Wörtern, nicht in Fremdwörtern!).

Die Form des **Lückendiktats** ermöglicht das selbstständige Arbeiten und das Fokussieren auf einen bestimmten Rechtschreibbereich. Sinnvoll ist aber immer, das ganze Wort danach noch einmal im Ganzen aufzuschreiben.

Tee und Baklava

Die Polizei suchte weiterhin nach <u>Hinweisen</u> auf die Rabauken beim <u>Straßenfest</u>. Unterdessen wollten Lars, Kira und Ayse den Vorfall vergessen und trafen sich mit <u>dreißig</u> anderen Schulfreunden bei Ayse <u>zuhause</u>. Zur <u>Begrüßung</u> schenkte ihre Mutter den Gästen Tee nach türkischer Art ein. Dazu gab es selbstgemachtes Baklava, das Lars <u>spitzenmäßig</u> fand. Ayse trug ihre eigens verfassten <u>Prosatexte</u> vor. Dann ging es in den Partykeller, wo zu <u>Musik</u> getanzt wurde. Lars fing an, sich mächtig in <u>Pose</u> zu <u>schmeißen</u>. Es dauerte nicht lange, da zerdepperte Lars aus Versehen eine Tasse mit <u>heißem</u> Tee. Leider bekam auch Kiras neue <u>Bluse</u> dabei einige Spritzer ab. Kira war empört über Lars' tölpelhaftes Verhalten und lief mit <u>Getöse</u> nach <u>draußen</u>. „<u>Beziehungskrise</u>?" Ayses Bruder grinste. Dann steckte er Lars eine <u>Rose</u> zu und schickte ihn hinterher, bevor er zu Schaufel und <u>Besen</u> griff. Als Lars die Blume seiner Freundin unter die <u>Nase</u> hielt und damit <u>Buße</u> tat, musste sie grinsen und küsste ihn... Die Nachbarn, richtige <u>Spießer</u>, schüttelten die Köpfe. Sie fanden Küsse auf offener <u>Straße</u> <u>anstößig</u>.

Merke: „Musik" ist ein Fremdwort; in Fremdwörtern kann kein ß vorkommen.

ß-Wörter wiederholen: Wortverwandte finden

Hinweis für den Lehrenden:
Das Finden von Wortverwandten ist immer sinnvoll, da es Zusammenhänge offenbart, die die Schreibung erleichtern. Zudem wird der Wortschatz erweitert und die Wörterbucharbeit geübt. In dieser Übung ist die Hauptintention allerdings die Festigung der auswendig gemerkten ß-Wörter.

- Suche für die folgenden ß-Wörter mindestens einen Wortverwandten.
(Wenn dir zu manchen Wörtern kein Verwandter einfällt, benütze ein Wörterbuch.)
- Unterstreiche ß.

außen:	außer, äußerst, sich äußern, die Äußerung, das Äußerste, der Außenseiter, die Äußerlichkeit
bloß:	die Blöße, entblößen
Buße:	büßen, der Büßer, gebüßt, einbüßen
fleißig:	der Fleiß, fleißiger, am fleißigsten
Fuß:	die Füße, der Fußgänger, der Fußball, barfuß
Gruß:	die Grüße, begrüßen, gegrüßt, die Begrüßung
geißeln:	die Geißel, er geißelt sich
groß:	größer, am größten, die Größe, vergrößern
heiß:	heißer, am heißesten, der Heißluftballon
Kloß:	die Klöße, der Kloßteig, die Kloßbrühe
mäßig:	das Maß, die Maße, mäßigen
meißeln:	der Meißel, ich meißele
Muße:	müßig, der Müßiggang
Ruß:	rußig, rußgeschwärzt
Spaß:	die Späße, spaßig, der Spaßmacher
Spieß:	die Spieße, spießig, aufspießen
Stoß:	die Stöße, stoßen, verstoßen, du stößt, der Freistoß
süß:	süßer, am süßesten, die Süße, der Süßstoff, versüßen
weiß:	weißer, am weißesten, schneeweiß, weißlich, das Eiweiß

Gleichklang von s und ß am Silbenende und vor Konsonanten

Hinweis an den Lehrenden:
Vielleicht erinnern sich die Schüler noch an die Auslautverhärtung bzw. an die Verlängerungsregel, die ihnen schon bei den Plosivlauten b-p, d-t und g-k geholfen hat.
Für s und ß gilt Ähnliches: s wird am Silbenende und vor einem Konsonanten stimmlos (zischend) gesprochen wie ß, so dass beide Laute an dieser Stelle gleich klingen und akustisch nicht zu unterscheiden sind. Die richtige Schreibung findet man über die „Verlängerung" des Wortes heraus: Man bildet eine zweisilbige Form, bei der der s-Laut wieder am *Anfang* der Silbe steht. Hier wird er stimmhaft (summend) gesprochen und ist von ß zu unterscheiden.
Die Verlängerungsregel nützt natürlich nur demjenigen etwas, der die s-Laute korrekt spricht und der den marginalen Unterschied zwischen stimmhaftem und stimmlosem s unterscheiden kann. Wem dies nicht gelingt, der ist mit dem Auswendiglernen der ß-Wörter besser bedient!

---

1. Sprich dir die folgenden Wörter laut vor und höre zu: Wie klingen die s-Laute?

Gras – Spaß   Floß – Los   er schießt – er liest

Antwort: s und ß klingen hier gleich, nämlich stimmlos (zischend).

2. Wie könntest du bei obigen Wörtern die richtige Schreibung herausfinden?

Antwort: Ich verlängere das Wort, so dass der s-Laut am Anfang einer Silbe (zwischen zwei Vokalen) steht. An dieser Stelle kann man den Unterschied zwischen s und ß wieder hören.

**3. Schaue in der Lösung die Antworten von Aufgabe 1 und 2 nach.
Versuche nun die Lücken zu füllen. Schreibe die Hilfswörter daneben.**

Das Mäu**s**chen hat sich unter dem Sofapolster häu**s**lich eingerichtet.	Mäu-se, Häu-ser
Holger macht nur Spa**ß**.	spa-ßig, Spä-ße
Paul ist über den Hausaufgaben eingedö**s**t.	eindö-sen
Sag Britta einen schönen Gru**ß** von mir.	Grü-ße
Der Schornstein ist schwarz vom Ru**ß**.	ru-ßig
Wer lie**s**t die Geschichte vor?	le-sen
Lars schmei**ß**t vor Wut das Gla**s** an die Wand.	schmei-ßen, Glä-ser
Irina hat ein niedliches Stupsnä**s**chen.	Na-se
Der Schiffbrüchige konnte sich mit einem Flo**ß** retten.	Flö-ße
Genie**ß**t du die Ferien?	genie-ßen
Der Krankenwagen ra**s**t blinkend und hupend über die Autobahn.	ra-sen
Er zerrei**ß**t traurig ihren Abschiedsbrief.	zerrei-ßen
Frischer Schwei**ß** riecht nicht unbedingt unangenehm.	schwei-ßig
„Jedes Lo**s** gewinnt!", behauptet der Mann an der Jahrmarktsbude.	Lo-se, lo-sen
Kornelia schie**ß**t mit ihrem ultrakurzen Rock mal wieder den Vogel ab.	schie-ßen

Erkenntnis: Wann kommt ss vor?

Hinweis für den Lehrenden:

Die allgemeine Dopplungsregel gilt auch für die s-Laute:

Nach einem kurzen betonten Vokal müssen zwei Konsonantenbuchstaben stehen.
Hört man nur /s/, muss man dieses doppelt schreiben.

Beispiel:
Langer Vokal: Ha**s**e
Kurzer Vokal: ha**st**en
Kurzer Vokal: ha**ss**en

Aufgabe 1: Achte jetzt auf die unterstrichenen Wörter im Text. Sortiere sie:

s	***ss***
zum Besten Muskeln Kasten lustig Weste fest testen	Klasse müssen gehässig wissen lassen Rasse Stuss sie muss

Aufgabe 2: Betrachte die Buchstaben nach dem betonten Vokal.

Aufgabe 3: Vervollständige den Merksatz.

ss folgt immer auf einen **kurzen**, **betonten** Vokal.

Aufgabe 4: Formuliere mit deinen eigenen Worten eine Regel zu ss.

Nach einem kurzen betonten Vokal müssen zwei Konsonantenbuchstaben stehen.
Hört man nur /s/, muss man dieses doppelt schreiben.

s oder ss? Spiel und Lückentext

Hinweis für den Lehrenden:
Es geht noch einmal um die allgemeine **Dopplungsregel**, die auf die s-Laute ebenfalls zutrifft:

Nach einem kurzen betonten Vokal müssen zwei Konsonantenbuchstaben stehen.
Hört man nur /s/, muss man dieses doppelt schreiben.

Das **ß** wurde in dieser Übung absichtlich *nicht* mit hinzugenommen.

Spiele sind, ab und an eingesetzt, eine gute Gelegenheit, die gelernten Regeln, Prinzipien und Zusammenhänge auch über einen längeren Zeitraum hinweg zu automatisieren. Sie können überdies auch nach Hause mitgegeben werden, um sie den Eltern und Geschwistern vorzustellen und mit ihnen zusammen zu spielen.

Aufgabe 1: Spiel mit mehreren Partnern

s folgt auf langen betonten Vokal	*s und ein weiterer Konsonant folgen auf kurzen betonten Vokal*	*ss folgt auf kurzen betonten Vokal*
Beispiel: Hâse	*Beispiel: Âst*	*Beispiel: krâss*
	Weitere Beispiele:	
Nâse **Hôse** **Wîese** **Blût** **lêîse**	**Mâst** **fêst** **Rêst** **Lîst** **fâsten**	**Bâss** **êssen** **lâssen** **Kîssen** **Geschôss**

Aufgabe 2: Wende dein Wissen jetzt an und fülle die Lückenmit s oder ss.

Windsurfen

Schon einmal davon geträumt, mit fast 100 km/h über das Wasser zu rasen? Gut, diese Spitzenleistung schaffen nur die besten Surfer der Welt, aber selbst die größten Asse haben einmal klein angefangen. Das sogenannte „Speedsurfen“ ist dabei auch nur *eine* Möglichkeit, diesen Sport zu erleben und sich mit anderen zu messen. Freestyle-Surfer zeigen kunstvolle Manöver oder vollführen Sprünge und Loopings, was nur bei gutem Wellengang funktioniert. Ein Surfer muss wissen, ob die Winde aus Norden, Süden, Osten oder Westen bzw. auflandig oder ablandig blasen. Da nur manche das Glück haben, am Meer zu wohnen, gehört das Reisen zu diesem Sport dazu.

Schwach gebeugte Verben

Hinweis für den Lehrenden:
Manche Schüler sind verwirrt, wenn bei gebeugten Verbformen nach dem „s" die Personalendung „-t" folgt, z.B.:

er musste (man hört /muste/ mit kurzem u).

Hier folgt nach dem s-Laut noch /t/, also hört man *zwei* Konsonanten. Irrtümlich wird deshalb oft geglaubt, dass man deshalb das s nicht doppeln müsste. Bildet man aber die *Grundform*, wendet an ihr die Regel an und übernimmt die Schreibung mit in die gebeugte Form, dann ist alles gut. ☺

Schematisierte Vorgehensweise bei gebeugten Verben (Beispiele: „er schmuste" und „er küsste"):

a) Die **Grundform** bilden und hören, ob der betonte Vokal lang oder kurz klingt: schmusen, küssen
b) Klingt der betonte Vokal lang, ist s richtig (oder ß, wenn der s-Laut zischend gesprochen wird): schmusen → er schmuste.
c) Klingt der Vokal kurz, muss man prüfen, ob danach *ein oder zwei* Konsonanten zu hören sind: Man hört nur /küsen/ mit kurzem ü.
d) Es folgt hier also nur *ein* Konsonant → „s", muss gedoppelt werden: küssen.
e) Die Dopplung wird in die gebeugten Formen übernommen, sofern der betonte Vokal kurz bleibt: er küsste.

f) Folgen zwei Konsonanten, muss *nicht* gedoppelt werden, da diese beiden Konsonanten dem Leser schon anzeigen, dass er den Vokal davor kurz sprechen muss: wir hasten.

Was hier etwas umständlich beschrieben wird und kompliziert klingt, ist in Wirklichkeit ein sekundenschnelles gedankliches Abfragen der einzelnen Punkte, sobald das Schema verstanden wurde und automatisiert werden konnte.

---

1. Bilde zu beiden Verben den Infinitiv (die Grundform).

Der Infinitiv (die Grundform) zu „raste" ist „rasen". Bei beiden Formen wird der betonte Vokal lang gesprochen. Das einfache „s" wird in der gebeugten Form „raste" übernommen.

Der Infinitiv (die Grundform) zu „fasste" ist „fassen". Bei beiden Formen wird der betonte Vokal kurz gesprochen. Das doppelte „ss" wird in der gebeugten Form „fasste" übernommen.

4. Schreibe den Infinitiv des Verbs in die Klammer. Setze dann „s" oder „ss" ein.

Herzrasen
Sein Herz raste (rasen), als er ihre Hand fasste (fassen). Seit drei Monaten waren Tim und Vanessa jetzt ein Paar. Immer wieder musste (müssen) er an den Sommertag im Freibad denken, an dem er ihr zum ersten Mal begegnet war. Die Erinnerung war kein bisschen verblasst (verblassen): Sie hatte auf der Wiese gelegen und in der Sonne gedöst (dösen) und er hatte den Mut gefunden, sie anzusprechen. Eine Woche später hatten sie sich zum ersten Mal geküsst (küssen). Jeden Tag kreisten (kreisen) seine Gedanken um sie. Sie passten (passen) einfach perfekt zueinander, fand er. Nicht nur, weil er blass und pickelig war und sie blind, sondern auch, weil sie beide für ihr Leben gern Musik hörten und dabei schmusten (schmusen).
„Ich reise (reisen) bald mit meinen Eltern nach Rom!", hatte sie eines Abends gesagt, während sie seinen Nacken liebkoste (liebkosen). „Ich vermisse (vermissen) dich jetzt schon", war seine Antwort. Auf dem Flughafen nahmen sie lange Abschied und beinahe hätte sie deswegen den Flug verpasst (verpassen). Tim schaute dem Flieger versonnen nach und war fest entschlossen, ihr treu zu bleiben.

Problemerkennung: Stark gebeugte Verben

Hinweis für den Lehrenden:

Bei stark gebeugten Verben gilt das Schema, das in Übung 10 beschrieben wurde, ebenfalls:

a) Die **Grundform** bilden und hören, ob der betonte Vokal lang oder kurz klingt: schmusen, küssen
b) Klingt der betonte Vokal lang, ist s richtig (oder ß, wenn der s-Laut zischend gesprochen wird): schmusen → er schmuste.
c) Klingt der Vokal kurz, muss man prüfen, ob danach *ein oder zwei* Konsonanten zu hören sind: Man hört nur /küsen/ mit kurzem ü.
d) Es folgt hier also nur *ein* Konsonant → „s", muss gedoppelt werden: küssen.
e) Die Dopplung wird in die gebeugten Formen übernommen, **sofern** der betonte Vokal **kurz** bleibt: er küsste.

Punkt e) ist der Knackpunkt! Denn starke Verben wechseln in gebeugten Formen den betonten Vokal, und manchmal ändert sich dabei auch dessen Klangqualität: Aus lang wird kurz und umgekehrt. Dementsprechend muss auch die Schreibung angepasst werden:

Aus ss wird ß: me**ss**en → er ma**ß** aus.
Aus ß wird ss: gie**ß**en → er go**ss**

---

1. Bilde zu beiden Verben den Infinitiv (die Grundform).

er ließ → lassen er biss → beißen

Erklärung:

„lassen" und „beißen" sind sogenannte starke Verben. Sie ändern in den gebeugten Formen die Länge des betonten Vokals (des Stammvokals):

Stammvokal kurz: **l**assen, er b**i**ss → ss
Stammvokal lang: b**ei**ßen, er l**ie**ß → ß

Alles klar?

4. Bilde jetzt die Verbformen nach folgendem Schema:

	3. Person Singular		
Infinitiv	**Präsens**	**Präteritum**	**Perfekt**
lassen	er lässt	er ließ	er hat gelassen
beißen	er beißt	er biss	er hat gebissen
gießen	er gießt	er goss	er hat gegossen
messen	er misst	er maß	er hat gemessen
schießen	er schießt	er schoss	er hat geschossen
essen	er isst	er aß	er hat gegessen

Schwach und stark gebeugte Verben: Automatisieren mit Partnerdiktat

Partnerdiktat!
- Der eine liest die Verbformen vor.
- Der andere schreibt sie auf das Diktatblatt.
- Überprüft gemeinsam, ob alles richtig geschrieben wurde.
- Bei Fehlern geht ihr der Ursache auf den Grund: Was hatte der Schreiber nicht verstanden oder wieder vergessen?
- Nach 12 Wörtern tauscht ihr die Rollen.

es fließt
er hieß Martin
ihr wisst
sie meisterte
er schmeißt weg
sie schmust
du entschließt dich
sie vergaßen
er hatte vergessen
ich entschloss mich
sie haben weggeschmissen
du hast gewusst

er ist gebissen worden
es ist gesprossen
es floss
sie heißt Marlene
er stößt dich weg
sie haben sich geküsst
er hastet (nach Hause)
sie hasste ihn
es ist abgerissen
er wird vermisst
wir schmissen weg
wir haben gelesen

er hat sich entschlossen
wir sind gesessen
es sprießt
es ist geflossen
sie erpressten
wir haben gegossen
ich schoss
du weißt
sie saß (auf dem Sofa)
es reißt
er ist gedüst
ich genoss

sie aßen
er ist wild entschlossen
ich habe gemusst
es spross
sie wurde erpresst
sie küssten sich
sie goss (die Blumen)
er beißt
sie bissen
sie verlässt ihn
er verließ sie
er stieß sich ab

er vergaß
sie vermissten
wir sind zusammengestoßen
sie hat uns verlassen
sie mussten
sie weiß
er gießt
er hasst sie
wir haben gegessen
er liest
er schmuste
er isst

wir lasen (ein Buch)
ihr seid gesessen
wir saßen
du schießt
ich küsse dich
ich saß (auf dem Stuhl)
er wurde von ihr gehasst
es riss ab
wir müssen
sie sauste
es wurde weggeblasen
du hast genossen

Vorsilbe „miss-“ und Nachsilbe „-nisse“

Hinweis für den Lehrenden:
Normalerweise wird in Vor- und Nachsilben weder gedoppelt noch gedehnt. Ausnahmen gibt es aber leider auch hier, und zwar in punkto s-Schreibung bei der Vorsilbe miss- und der Mehrzahl der Nachsilbe –nis: -nisse (analog zu -in → -innen).

Wie bei allen Ausnahmen sollten auch diese erst thematisiert werden, wenn die Grundregeln gesichert sind. Dann allerdings müssen sie erwähnt und auch geübt werden, weil ein paar recht häufige Wörter davon betroffen sind.

---

1. Suche im Wörterbuch 10 Wörter mit „miss-“ und „Miss-“.

Missklang, Misskredit, misslaunig, Misslaut, misslich, misslingen, Missmut, misshandeln, Missgunst, Missgriff, missgönnen, missglücken, missgestimmt, missgestaltet, Missgeschick, missfallen, missachten

2. Welche Wörter passen in der Mehrzahl in die Lückensätze?

Erkenntnis Hindernis Ergebnis Zeugnis
Verhältnis Geheimnis Kenntnis Ereignis

Einer Bewerbung sind zumeist mehrere **Zeugnisse** beizufügen.

Die **Ergebnisse** des Eignungstests entscheiden über eine mögliche Einstellung.

Der Ausbildungsbeginn zählt zu den wichtigen **Ereignissen** im Leben.

Der Auszubildende muss grundlegende mathematische **Kenntnisse** besitzen.

Beim Einstieg in die Arbeitswelt hat man zahlreiche **Hindernisse** zu überwinden.

Mit der Ausbildungsvergütung sollte man nicht über seine **Verhältnisse** leben.

Der Auszubildende gewinnt täglich neue **Erkenntnisse.**

Firmeneigene Informationen müssen als **Geheimnisse** bewahrt werden.

s, ß oder ss? Vertiefen des Gelernten

Hinweis für den Lehrenden:
Die Form des Lückentextes kann als Möglichkeit genützt werden, *ohne* Lehrenden oder Partner die gelernten Regeln der s-Laut-Schreibung zu vertiefen. Besser wäre es an dieser Stelle jedoch, wenn der Text im Ganzen oder zumindest die Lückenwörter *diktiert* werden würden. Dies könnte natürlich in Etappen erfolgen, um den Schüler nicht zu überfordern. Wichtig wäre, eine Korrektur nur hinsichtlich der s-Laute vorzunehmen, diese Fehler aber eingehend zu besprechen. Es sollte herausgefunden werden, wo genau es noch hapert: Schwierigkeiten, s und ß zu differenzieren, ß-Merkwortliste nicht gelernt, Regeln nicht verstanden, mangelnde Unterscheidungsfähigkeit der Vokalqualität, gebeugte Verben nicht in den Infinitiv gesetzt?

Klettern in der Todeszone
Uns trennten bloß noch 200 Höhenmeter vom Gipfel. Eigentlich ein Klacks, wenn man bedenkt, dass der K2 mit seinen 8611 Metern der zweithöchste Berg der Welt ist. Es war lausig kalt und düster. Der Wind blies stetig, aber es schneite wenigstens nicht. Wenn die Wetterverhältnisse so blieben, müssten wir bald ganz oben sein. Langsam ging mir nämlich die Puste aus. Jeder Schritt, jeder Atemzug war mühsam und qualvoll. Ein scheußlicher Reizhusten und unerträglicher Durst plagten mich, ausgelöst durch die niedrigen Temperaturen und die trockene Luft in dieser extremen Höhe. Ich wusste zwar aus Erfahrung, dass ich noch viele Stunden so weitergehen könnte, wenn ich wollte. Aber wollte ich wirklich? Der Spaß am Bergsteigen war mir durch den Stress des endlos währenden Aufstiegs schon längst abhandengekommen. Mir fiel gerade absolut nicht mehr ein, wozu ich diese Anstrengung eigentlich auf mich nahm.
Lustlos entschloss ich mich zu einer kurzen Rast, um eine Tasse heißes Wasser zu trinken und einen Müsliriegel mit Nüssen zu essen. Ich ließ mich vorsichtig nieder. So mies hatte ich mich schon lange nicht mehr gefühlt. „Was ist los?", schrie mein Kletterpartner Hans mit heiserer Stimme von unten herauf. „Alles bestens!", krächzte ich zurück, was die reine Lüge war. Ich saß vollkommen erschöpft auf einem winzigen Felsvorsprung auf diesem extrem abschüssigen Hang und war nicht einmal dazu imstande, die großartige Landschaft des Karakorums mit seinen unendlich vielen weißen Gipfeln zu genießen. Ich konnte gerade noch stumpfsinnig vor mich hin starren und die Finger in den dicken Fäustlingen bewegen, um sie am Erfrieren zu hindern.
Nun hatte mich Hans erreicht. Er war totenblass. Tapfer versuchte er ein Grinsen, brachte jedoch nur eine gruselige Grimasse zustande. „Weiter", flüsterte er mit ersterbender Stimme. Ich riss mich zusammen und setzte wieder brav einen Fuß vor den anderen. Rechts, links, rechts, links. Pause. Und wieder: Rechts, links ... Es kostete mich unendliche Kraft. Mein Herz raste, meine Lunge pfiff wie ein Dampfkessel und ich konnte förmlich spüren, wie dickflüssig und zäh mein Blut durch die Adern floss.
Pause! Ich warf einen Blick nach oben und versuchte die Entfernung zum heiß ersehnten Gipfel abzumessen. Noch 100 Meter vielleicht. *Hoffentlich* nur noch 100 Meter. Mein Hirn befahl meinen Muskeln weiterzumachen. Und tatsächlich, ich konnte es kaum fassen, aber meine Beine setzten sich wieder in Bewegung. Rechts, links, rechts, links. Pause. Mein Atem rasselte. Oder war es der von Hans? Egal! Verbissen wühlten wir uns durch die Schneemassen, immer weiter, mit eiserner Disziplin. Es war mir ein Rätsel, woher wir die nahmen. Früher in der Schule, bei den Hausaufgaben, wäre ich froh gewesen, wenn ich so viel Tatkraft hätte aufbringen können. Aber besser spät, als nie! Rechts, links, rechts, links. Pause. Die Steilheit des Geländes erforderte noch einmal unsere gesamte Aufmerksamkeit. Doch endlich wurde der Hang flacher. Das war der Hinweis darauf, dass der höchste Punkt des K2 direkt vor uns lag. Nur noch dreißig Meter vielleicht! Die letzten Schritte wurden uns versüßt durch die Aussicht auf das baldige Ziel. Wir mobilisierten noch einmal alle Kraftreserven, und dann war es so weit. Ich konnte es kaum glauben: Wir standen auf dem Gipfel des schwierigsten Achttausenders der Welt! Ein außerordentliches Gefühl von Glück, Erleichterung und Zufriedenheit durchströmte gleichermaßen meine gefolterte Brust. Alle Mühsal war vergessen. Was waren wir stolz auf unsere Leistung. Begeistert schüttelten wir uns die Hände und umarmten uns lange und heftig. Anschließend packte jeder seine Kamera aus, und wir fotografierten im Kreis herum das atemberaubende Panorama. Erstens, um das wundervolle Erlebnis und die kostbaren Minuten des Erfolgs auf ewig festzuhalten, und zweitens natürlich auch als Beweis dafür, dass wir tatsächlich oben angekommen waren. Tja, und dann mussten wir schon wieder an den Abstieg denken. Es war gefährlich, bei diesem eiskalten Wind zu lange auszuharren. Außerdem durfte es nicht dunkel werden, bevor wir das erste Biwaklager erreicht hätten. Selbstverständlich wussten wir, dass sich die meisten Unfälle auf dem Rückweg ereignen. Die Ursachen sind häufig Unachtsamkeit und mangelnde Konzentration. Also, jetzt noch einmal gut aufgepasst!
Entschlossen, all unsere bergsteigerischen Kenntnisse auch jetzt sinnvoll einzusetzen, verließen wir den Gipfel. Und wir hatten maßloses Glück: Trotz eines abgerissenen Seils und völlig verschlissener Handschuhe ist uns der Abstieg keineswegs misslungen.
(Frei nach Erzählungen des berühmten Extrembergsteigers Hans Kammerlander)

s, ß oder ss? Informeller Abschlusstest

Hinweis für den Lehrenden:
Der Lückentext kann als informeller Test dienen, um herauszufinden, ob alle Regeln zu den s-Lauten verstanden wurden und angewendet werden können. Es geht nicht um Schnelligkeit, sondern um die kognitive Entscheidung für die regelgemäße Schreibung.

Es können **34 Punkte** erreicht werden.
34 – 32 Punkte: Prima, es kann zum nächsten Thema übergegangen werden.
31 – 28 Punkte: Nicht schlecht, aber die Fehler sollten eingehend besprochen und diesbezügliche Übungen wiederholt werden.
27 und weniger: Es muss herausgefunden werden, was noch nicht verstanden wurde. Regeln sollten wiederholt, besprochen und die entsprechenden Übungen noch einmal angeboten werden.

Das Schema, um die s-Laut-Regeln bei einem unbekannten oder wieder vergessenen Wort „abzuklopfen", lautet:

- s ist die normale Schreibung. s kann überall im Wort vorkommen. Es klingt am Silbenanfang stimmhaft und am Silbenende stimmlos.
- ß kann nur nach einem *langen* betonten Vokal oder Zwielaut stehen und auch dann nur, wenn danach *kein* weiterer Konsonant im Wortstamm folgt. Oder anders: ß kann nur zwischen einem *langen betonten* und einem *unbetonten* Vokal stehen.
  ß klingt immer zischend.
- ss ist nur nach einem kurzen betonten Vokal möglich, wenn kein weiterer Konsonant folgt (hassen, aber: hasten)
- Steht s in der Grundform, kann in anderen Verbformen ebenfalls nur „s" stehen.
- Stehen ß oder ss in der Grundform, muss man prüfen, ob sich in den anderen Formen die Länge des betonten Vokals geändert hat.

Was ist richtig: s, ss oder ß?
Berufswahl
Bloß noch dieses Schuljahr und die Entlassung rückt immer näher. Mit Fleiß werden die Prüfungsarbeiten geschrieben. Scheußlich – dieser Stress! Doch anschließend kann man mit Muße die Freizeit genießen.
Was aber tun, wenn der Abschluss geschafft ist? Lehre? Studium? Viele Überlegungen sausen durch den Kopf, Ideen sprießen und werden verworfen. Die vielfältigen Möglichkeiten überfordern so einige angehende Entlassschüler. Der Entscheidungsdruck wird dabei stetig größer und die Entschlusskraft sinkt. Manche Jugendliche reagieren mit dem sogenannten "Vogel-Strauß-Verhalten". Sie ducken sich weg vor dem hohen Maß an Verantwortung, das diese Entscheidung mit sich bringt.
Das muss nicht sein. Es ist ratsam, sich so früh wie möglich mit dem Thema Zukunftsplanung zu beschäftigen. Schon zwei Jahre vor Schulabschluss sollte man sich einigen aufschlussreichen Fragen stellen: Wer bin ich? Was kann ich? Was will ich werden?
Am Anfang dieser Überlegungen steht meistens eine Selbsterforschung. Die eigenen Interessen kann man beim Ausfüllen eines Tests ermitteln. Wer sich für soziale Belange interessiert, für den eignet sich vielleicht der Beruf des Krankenpflegers oder der Erzieherin. Allerdings nur bei angemessenem Schulabschluss und Zeugnis. Gespräche mit Eltern oder Freunden verbessern die Selbsteinschätzung.
Es gilt: Besser vorher informieren, als nachher alles hinschmeißen müssen. Außerdem verdrießt viele die Lage am Arbeitsmarkt. Ausbildungsplätze sind in manchen Berufszweigen nur mäßig vorhanden. Daher heißt es: Das traute Heim verlassen und zur Berufsberatung düsen.

(Erstellt in Anlehnung an den Artikel: Eher Macher oder Kreativer; Allgemeine Zeitung vom 22.11.2010)

das oder dass? Informeller Abschlusstest

Hinweis für den Lehrenden:
Eigentlich gibt es bei der Frage „das“ oder „dass“ nicht viel zu verstehen: Aufpassen muss man nur nach einem Komma, wenn ein Nebensatz eingeleitet wird. Dann ist „das“ daran zu erkennen, dass es sich auf ein sächliches Nomen im Hauptsatz bezieht und durch „welches“ ersetzt werden kann. Bei „dass“ ist das eben *nicht* möglich.
Ein bisschen schwieriger wird es lediglich dann, wenn der Satz umgedreht wird, so dass der Nebensatz vorangeht: *Dass* du nicht gekommen bist, fand ich sehr schade.
Wer sich das merken kann und ein bisschen auf die prekären Stellen aufpasst, macht eigentlich keine Fehler mehr.

Das „DAS“

Das „DAS“ ist schon eine seltsame Clique. Die drei sind so unterschiedlich!
„D“ steht für Dorothea. Sie hasst es, **dass** ihre Lehrer sie so nennen. Sie besteht darauf, **dass** man sie „Doro“ nennt. Jeder weiß, **dass** ihre Lieblingsband „The Cure“ heißt und **dass** sie immer schwarze Klamotten trägt. **Das** Kreuz, **das** um ihren Hals hängt, ist **das** keltische Kreuz. **Das** „Hexenhaus“ ist ihre Lieblingsdisko; dort spielen sie Gothic, Wave und Indie-Rock. **Das** einzige Fach, für **das** sie gerne arbeitet, ist Philosophie. Sie steht auf Fragen wie: „Wo ist der Wind, wenn er nicht weht?“
„A“ steht für Ali. Manche denken, **dass** er aus der Türkei kommt. Aber das stimmt nicht, er ist in Deutschland geboren. **Das** Hemd, **das** er am liebsten trägt, ist schwarz und zeigt einen silbernen Drachen. Sein Lieblingsgetränk, **das** er täglich literweise trinkt, ist Cola. Er findet, **dass** Doro einen schlimmen Musikgeschmack hat, obwohl ihm **das** eine Album von „The Cure“, **das** er mal bei ihr gehört hat, gut gefällt. Er findet aber auch, **dass** ihr Kleidergeschmack viel besser ist als bei allen anderen auf der Schule. Sein Hobby, **das** er stundenlang betreibt, ist das Surfen im Internet.
„S“ steht für Sascha. Er meint, **dass** Bob Marley der größte Musiker ist, der je gelebt hat. Seine Leidenschaft ist **das** Surfen auf dem Wasser. **Das** Tier, **das** er am meisten mag, ist seine Katze. **Das** Markenzeichen, **das** er immer bei sich trägt, ist sein rotes Käppi. Und er freut sich auf das Auto, **das** er zu seinem achtzehnten Geburtstag geschenkt bekommen wird. Er findet, **dass** Doro süß ist. Aber leider ist die davon überzeugt, **dass** Frauen die besseren Männer sind.
Was ist das nur für ein Hobby, **das** diese drei miteinander teilen? Jedes Wochenende treffen sie sich zum LAN-Spielen. Zwischendurch essen sie bei Alis Vater einen Döner. **Das** Dönerfleisch dort ist das beste in der ganzen Stadt, darüber sind sie sich einig.

30 Punkte:
Du bist ein Meister des „das“ und „dass“! Prima, du hast alles verstanden.
29-27 Punkte:
Du hast das Prinzip grundsätzlich verstanden. Schaue dir noch einmal an, wo du Fehler gemacht hast.
Weniger als 27 Punkte:
Da musst du noch einmal fleißig trainieren. Lass dir von einem Elternteil oder einem Lehrer dabei helfen.

Gleichklingende Buchstabengruppen Übungen zu f-v-w-ph

Name:

v: Merkwörter lernen

Die schlechte Nachricht:
„f" und **„v"** klingen am Anfang von deutschen Wörtern **völlig gleich**.
Du kannst also durch **Hören** allein **nicht** herausfinden, wie du den f-Laut schreiben musst.

Die gute Nachricht:
Es gibt **nicht viele** Wörter, die mit „**v**" beginnen. Du kannst sie **leicht auswendig** lernen.

Hier sind die Wörter, bei denen v am Wortanfang wie /f/ gesprochen wird:

der Vater
der Vogel
das Vieh
das Volk
das Veilchen
der Vetter
der Vogt
der Vers
das Vlies
das Vesper
der Vize

ver- (Vorsilbe)
vor- (Vorsilbe)
vorder- (Vorsilbe)
viel
vielleicht
voll
vier
von
vom
vor
vorn
vorige

1. **Finde heraus, was ein *Vogt* ist oder war.**
   Suche auch nach der Bedeutung von *Vlies* und *Vesper*.

2. **Bilde je ein Wort mit den Vorsilben ver-, vor- und vorder-:**

________________________, ________________________, ________________________

3. **Präge dir die Merkwörter ein. Die meisten wirst du ja sowieso schon kennen.**

Name:

v: Merkwörter im Kreuzworträtsel

Löse das Kreuzworträtsel. Das gesuchte Wort beginnt immer mit „v".

	waagerecht		senkrecht
1	Willst du mit mir gehen? Ja, nein oder ...?	1	Du hast mir das ... gegeben, um zwölf zuhause zu sein!
2	Alles Gute kommt ... oben.	2	Im Garten blühen lauter ...
3	Das ... ist eine Mahlzeit.	3	Er hatte einen Unfall, weil er ... betrunken Auto gefahren war.
4	... vielen Colatrinken hatte er Schluckauf.	4	Die ...seite des Hauses war schöner als die Hinterseite.
5	Er hatte drei Onkel, zwei Tanten und einen ...	5	Ihre Eltern leben getrennt. Sie wohnt bei ihrem ...
6	Mit einem ... kann man sich zudecken.	6	Er war zwar nicht Präsident, aber immerhin ...präsident.
7	Jeder Spatz ist ein ..., aber nicht jeder ... ist ein Spatz	7	Die Quadratwurzel aus sechzehn ist ...
8	... ist das Gegenteil von wenig.	8	Diese Mücke ist ein wirklich blödes ...
9	Jedes Gedicht hat mindestens einen ...	9	... ist die Mutter der Porzellankiste
10	Im Mittelalter vertrat der ... den Lehnsherren		
11	Menschen desselben Staates ...		

Name:

v: Wortverwandte finden

Wird ein Wort mit „**v**“ geschrieben,
dann auch all seine **Wortverwandten**.

Im linken Kasten findest du einige v-Wörter.
Bilde mit ihnen und denen im rechten Kasten passende Zusammensetzungen.

Achtung:
Manchmal gibt es mehrere Möglichkeiten. Die richtige Lösung ist die, bei der alle v-Wörter genau *einen* Partner aus der rechten Spalte finden.

Vater	blau
vor	groß
Vieh	Eck
Vogel	Sitz
vor	Zucht
vier	Korn
viel	Präsident
vorder	Spaß
Vize	Fraß
Veilchen	Sicht

Name:

v: Wortverwandte finden

Wird ein Wort mit „**v**“ geschrieben,
dann auch all seine **Wortverwandten**.

**1. Im linken Kasten findest du einige v-Wörter.
Bilde mit ihnen und denen im rechten Kasten passende Zusammensetzungen.**

Achtung:
Manchmal gibt es mehrere Möglichkeiten. Die richtige Lösung ist die, bei der alle v-Wörter genau einen Partner aus der rechten Spalte finden.

Vieh	blau
Vogel	Maß
voll	Eck
vier	Sitz
viel	Zucht
vorder-	Korn
Vize	Draht
Veilchen	Präsident
Vlies	Spaß
Vers	Fraß

2. Hier sind weitere Wörter und Vorsilben mit „v“. Finde für jede Linie einen Wortverwandten. Besprich das Ergebnis mit deinem Lehrer.

Vater	ver-	vor-

Name:

v: Wortverwandte finden

Wird ein Wort mit „**v**“ geschrieben,
dann auch all seine **Wortverwandten**.

Hier sind die v-Wörter noch einmal aufgelistet.

1. Finde zu jedem Wort mindestens einen Verwandten.
Du darfst bei den schwierigen Wörtern das Lexikon oder Internet zu Rate ziehen.

Vater: ______________________

Vogel: ______________________

Vieh: ______________________

Volk: ______________________

Veilchen: ______________________

Vetter: ______________________

Vogt: ______________________

Vers: ______________________

Vlies: ______________________

Vesper: ______________________

Vize: ______________________

viel: ______________________

voll: ______________________

vier: ______________________

2. Bilde mit diesen Wörtern je einen ganzen Satz.

von: ______________________

vom: ______________________

vor: ______________________

vorn: ______________________

vorige: ______________________

Name:

v–f: Automatisieren im Text

Du kannst nicht hören, ob ein Wort mit v oder f beginnt.
Zum Glück hast du dir aber die Wörter mit v gemerkt, oder?!?

Denke an die Wörter mit v, die du gelernt hast, und entscheide dich zwischen v und f.

Auf dem Bolzplatz

Obwohl es __ebruar ist, __riert Lars nicht. Schwitzend und strahlend __or __reude rennt er über den Bolzplatz. Als er bei einem __reistoß das 2:1 schießt, wirft Kira ihm eine Kusshand zu und applaudiert.
In der Pause geht er zu ihr und sieht Timo, der neben ihr sitzt.
„Willst du nicht mitspielen?“, __ragt er ihn. Timo schüttelt den Kopf.
„Ich schaue __iel lieber zu“, meint er.
„Aber du magst __ußball!?“
„Aber ja!“, sagt Timo, „das ist ein __aszinierender Sport. Wusstest du, dass der heutige __ußball in der Mitte des __orletzten Jahrhunderts in England entstanden ist und 1874 nach Deutschland kam? Der Sport wurde __on dem Lehrer Konrad Koch an einem Gymnasium in Braunschweig eingeführt. Er wollte, dass seine Schüler sich beim Spiel im __reien ertüchtigen. Aber der __ußball musste sich beim __olk erst gegen das Turnen durchsetzen.“
„Also mir ist die Praxis lieber!“, grinst Lars, als er sieht, dass es weitergeht.
Jetzt juckt es Timo doch in den __üßen und er greift zu seinen Schuhen. „Was ist mit dir?“, fragt er, an Kira gewandt, „__rauen__ußball wird doch immer beliebter!“
„Ja, __ielleicht, kann schon sein, aber nicht bei mir!“
Timo __litzt aufs __eld. Er übernimmt die __unktion des Verteidigers und macht dabei eine gute __igur. Kira denkt an ihren __ater, der ein begeisterter Bayern-Fan ist. Sie kann die Leidenschaft für diese Sportart nicht nach__ollziehen. Aber wenn Lars spielt, sieht sie gerne zu.

Name:

v–f: Automatisieren im Text

Du kannst nicht hören, ob ein Wort mit v oder f beginnt.
Zum Glück hast du dir aber die Wörter mit v gemerkt, oder?!?

Denke an die Wörter mit v, die du gelernt hast, und entscheide dich zwischen v und f.

Auf dem Bolzplatz

Obwohl es __ebruar ist, __riert Lars nicht. Schwitzend und strahlend __or __reude rennt er über den Bolzplatz. Als er bei einem __reistoß das 2:1 schießt, wirft Kira ihm eine Kusshand zu und applaudiert.

In der Pause geht er zu ihr und sieht Timo, der neben ihr sitzt und sein __esperbrot __erzehrt.

„Willst du nicht mitspielen?", __ragt er ihn. „Wir sind nur zu __iert, mein __etter konnte heute nicht kommen."

Timo schüttelt den Kopf. „Ich schaue __iel lieber zu", meint er kauend.

„Aber du magst __ußball!?"

„Aber ja!", sagt Timo, „das ist ein __aszinierender Sport. Wusstest du, dass der heutige __ußball in der Mitte des __orletzten Jahrhunderts in England entstanden ist und 1874 nach Deutschland kam? Der Sport wurde __on dem Lehrer Konrad Koch an einem Gymnasium in Braunschweig einge__ührt. Er wollte, dass seine Schüler sich beim Spiel im __reien ertüchtigen. Aber der __ußball musste sich beim __olk erst gegen das Turnen durchsetzen."

„Das ist ja alles __oll interessant, aber mir ist die Praxis lieber!", grinst Lars, als er sieht, dass es weitergeht.

Jetzt juckt es Timo doch in den __üßen und er greift zu seinen Schuhen. „Was ist mit dir?", fragt er, an Kira gewandt, „__rauen__ußball wird doch immer beliebter!"

„Ja, __ielleicht, kann schon sein, aber nicht bei mir!"

Timo __litzt aufs __eld. Er übernimmt die Funktion des Verteidigers und macht dabei eine gute Figur. Kira denkt an ihren __ater, der ein begeisterter Bayern-Fan ist. Wenn er die Spiele am __ernseher __er__olgt, __ühlt sie sich __ehl am Platz. Sie kann die Leidenschaft für diese Sportart nicht nach__ollziehen. Aber wenn Lars spielt, sieht sie gerne zu.

Name:

v–f: Automatisieren im Text

Du kannst nicht hören, ob ein Wort mit v oder f beginnt.
Zum Glück hast du dir aber die Wörter mit v gemerkt, oder?!?

Denke an die Wörter mit v, die du gelernt hast, und entscheide dich zwischen v und f.

Auf dem Bolzplatz

Obwohl es __ebruar ist, __riert Lars nicht. Schwitzend und strahlend __or __reude rennt er über den Bolzplatz. Als er bei einem __reistoß das 2:1 schießt, wirft Kira ihm eine Kusshand zu und applaudiert.

In der Pause geht er zu ihr und sieht Timo, der neben ihr sitzt und sein __esperbrot __erzehrt.

„Willst du nicht mitspielen?", __ragt er ihn. „Wir sind nur zu __iert, mein __etter konnte heute nicht kommen."

Timo schüttelt den Kopf. „Ich schaue __iel lieber zu", meint er kauend.

„Aber du magst __ußball!?"

„Aber ja!", sagt Timo, „das ist ein __aszinierender Sport. Wusstest du, dass der heutige __ußball in der Mitte des __orletzten Jahrhunderts in England entstanden ist und 1874 nach Deutschland kam? Der Sport wurde __on dem Lehrer Konrad Koch an einem Gymnasium in Braunschweig einge__ührt. Er wollte, dass seine Schüler sich beim Spiel im __reien ertüchtigen. Aber der __ußball musste sich beim __olk erst gegen das Turnen durchsetzen."

„Die Theorie ist ja __oll interessant, aber mir ist die Praxis lieber!", grinst Lars, als er sieht, dass es weitergeht. Er kickt den Ball mit der __erse zurück ins Spiel und rennt auf seine Stürmerposition.

Jetzt juckt es Timo doch in den __üßen und er greift zu seinen Schuhen. „Was ist mit dir?", fragt er, an Kira gewandt, „__rauen__ußball wird doch immer beliebter!"

„Ja, __ielleicht, kann schon sein, aber nicht bei mir!"

Timo __litzt aufs __eld. Er übernimmt die __unktion des Verteidigers und macht dabei eine gute __igur. Kira denkt an ihren __ater, der ein begeisterter Bayern-__an ist. Wenn er die Spiele am __ernseher __er__olgt, __ühlt sie sich __ehl am Platz. Sie kann die Leidenschaft für diese Sportart nicht nach__ollziehen. Aber wenn Lars spielt, sieht sie gerne zu.

Name:

v am Wortende

Deutsche Wörter haben **nie** ein **v am** Wort**ende**, aber **Fremdwörter** schon.
Lerne sie auswendig.

Wörter mit „v“ am Ende:

bra**v**
konka**v**
der Ner**v**
die Lu**v**

Merke dir: Wenn du /iv/ am Wortende hörst, musst du immer „v“ schreiben!

akti**v**
nai**v**
massi**v**
Adjekti**v**
oli**v** usw.

1. Finde heraus, was konkav, Luv und oliv bedeuten.

2. Präge dir die Merkwörter ein.

3. Finde drei weitere Wörter, die auf -iv enden und schreibe sie auf. Kontrolliere die Schreibung mit dem Duden oder frage deinen Lehrer.

_______________, _______________, _______________

4. Schreibe jetzt alle Merkwörter dieses Blattes auswendig auf einen Zettel.

Name:

v am Wortanfang und Wortende automatisieren

Wiederholung im Spiel: Suche dir einen oder mehrere Partner.

Spielregeln:

- Schneidet die Kärtchen aus, ohne auf die beschriebene Seite zu schauen, mischt sie und bildet einen verdeckten Stapel.

Spiel zu zweit:

- Der Jüngere von euch zieht eine Karte und umschreibt den Begriff.
- Der andere versucht, ihn zu erraten (ein Punkt)
- und schreibt das Wort auf (ein oder zwei weitere Punkte bei Richtigschreibung).
- Dann tauscht ihr die Rollen.
- Das Spiel ist zu Ende, wenn der Kartenstapel aufgebraucht ist.
- Wer die meisten Punkte hat, hat gewonnen.

Spiel zu mehreren:

- Der Jüngste zieht eine Karte und umschreibt den Begriff.
- Die anderen versuchen den Begriff zu erraten (ein Punkt für Beschreiber UND Rätsellöser).
- Einen oder zwei Extrapunkte gibt es für den Rätsellöser, wenn er das Wort *richtig* geschrieben hat.

Wortkärtchen:

1 die **Vesper**	2 **aggressiv**	2 **vielleicht**	1 **brav**
1 **vogelfrei**	1 **voll**	1 der **Nerv**	1 das **Adjektiv**
2 die **Viehzucht**	1 **vier**	1 **konkav**	1 **positiv**
1 das **Volk**	1 die **Luv**	1 **vorn**	1 **negativ**
1 das **Veilchen**	1 die **Vorderseite**	1 **aktiv**	1 **oliv**
1 der **Vetter**	2 die **Vorfahrt**	2 **passiv**	1 das **Volk**
1 der **Vers**	2 der **Detektiv**	1 die **Verteidigung**	2 das **Vlies**

Name:

v-w: Problemerkennung

1. Lies den Text durch.

Das wahre Leben?

Visionäre haben es vorausgesehen: Einige Menschen verbringen heute ein großes Volumen ihrer Zeit in virtuellen Welten und haben nur noch eine vage Ahnung davon, was das wahre Leben ist. Wie von einem Virus infiziert, scheinen sich manche zu Sklaven ihrer Computer zu machen.
Es gibt Computerspiele, Internetseiten und Videos in allen Varianten und auf sehr unterschiedlichem Niveau. In einigen davon werden auch Gewalttaten, Vandalismus und vulgäre Handlungen visualisiert. Doch können diese virtuellen Welten wirklich die schönen privaten Momente mit deinen Freunden und Freundinnen ersetzen?

2. Achte auf die unterstrichenen Wörter im Text. Was haben sie gemeinsam?

a) Die Wörter werden am Wort*anfang* und in der Wort*mitte* mit ____ geschrieben.

b) Dieser Buchstabe wird hier wie ____ gesprochen.

c) Sind das deutsche Wörter? **O** ja **O** nein

3. Vervollständige den Merksatz:

Wenn ich bei einem ________wort am __________ und in der ________ ___ höre, muss ich ___ schreiben.

4. Reflexion:

a) Wie viele Stunden deiner Freizeit verbringst du pro Woche mit Computerspielen, Filmen oder im Internet?

O 0-5 Stunden **O** 5-10 Stunden **O** 10-20 Stunden **O** mehr als 20 Stunden

b) Welchen Aktivitäten gehst du in deiner Freizeit regelmäßig nach, für die du *keinen* Bildschirm brauchst? Schreibe sie auf.

____________________, ____________________, ____________________ ____________________

____________________, ____________________, ____________________ ____________________

c) Tauscht euch über eure Freizeitgestaltung aus!

Name:

v-w: Entscheidung zwischen einem deutschen Wort und einem Fremdwort

> In Fremdwörtern wird „v“ wie /w/ gesprochen, z.B.: **V**ase, **V**ideo.
> Hörst du in Fremdwörtern also /**w**/, musst du immer „**v**“ schreiben.
>
> Grund: Im romanischen Alphabet gibt es den Buchstaben „w“ nicht.
> Für den w-Laut wird deshalb immer „v“ geschrieben.

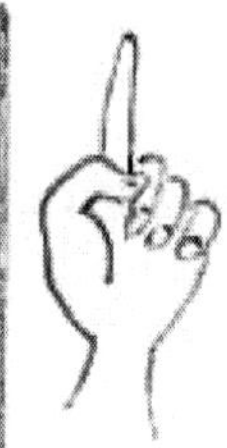

Setze ein: v oder w?

Katja und Ulf

Heute Abend besuchen Ulfs Eltern das Theater. Ulf und seine Freundin haben das __ohnzimmer für sich. Zwischen __andteppichen und __ertvollen __asen sitzen sie auf der Ledercouch (Ulfs Eltern zeigen gerne ihren __ohlstand) und schauen __ideos an. Gerade läuft eine Dokumentation über __ulkane, und bei jedem gefilmten Ausbruch __ibrieren die Lautsprecherboxen heftig. Katja __usste noch gar nicht, dass es die feuerspeienden Berge auch unter __asser gibt.

Ulf gähnt gelangweilt. Als er aufsteht, um sich einen Kakao mit __anilleeis zu machen, sucht sie schon die nächste DVD aus: Der Mitschnitt eines __iolinkonzertes. Da __ird es Ulf zu viel: „__illst du jetzt schon __ieder bestimmen, was wir gucken?“

„Ich habe jedenfalls keine Lust, einen von deinen blöden __ampirfilmen zu schauen“, entgegnet Katja.

„Dass du immer so engstirnig bist, geht mir so was von auf den __ecker!“, motzt Ulf. Damit beginnt ein lautstarker Streit.

Wie könnte die Geschichte weitergehen? Wenn du möchtest, schreibe es auf:

Name:

v-w: Entscheidung zwischen einem deutschen Wort und einem Fremdwort

Achtung: In Fremdwörtern wird „v" wie /w/ gesprochen, z.B.: Vase, Video.
Hörst du in Fremdwörtern also /**w**/, musst du immer „**v**" schreiben.

Grund: Im romanischen Alphabet gibt es den Buchstaben „w" nicht.
Für den w-Laut wird deshalb immer „v" geschrieben.

Setze ein: v oder w?

Katja und Ulf

Heute Abend besuchen Ulfs Eltern das Theater. Ulf und seine Freundin haben die __illa und das __ohnzimmer also ganz für sich. Zwischen __andteppichen, __itrinen und __ertvollen __asen sitzen sie auf der Ledercouch (Ulfs Eltern zeigen gerne ihren __ohlstand) und schauen __ideos an. Gerade läuft eine Dokumentation über __ulkane, und bei jedem gefilmten Ausbruch __ibrieren die Lautsprecherboxen heftig. Katja __usste noch gar nicht, dass es Unter__asser__ulkane gibt und dass auf __ulkaninseln eine ganz besondere __egetation entstehen kann.

Ulf gähnt gelangweilt. Als er aufsteht, um sich einen Kakao mit __anilleeis zu machen, sucht sie schon die nächste DVD aus: Der Mitschnitt eines __iolinkonzertes. Da __ird es Ulf zu viel: „__illst du jetzt schon __ieder bestimmen, was wir gucken?"

„Ich habe jedenfalls keine Lust, einen von deinen blöden __ampirfilmen zu schauen", entgegnet Katja. So etwas hatte Ulf er__artet. „Dass du immer so engstirnig bist, geht mir so was auf den __ecker!", motzt er. Damit beginnt ein lautstarker Streit.

Wie könnte die Geschichte weitergehen? Wenn du möchtest, schreibe es auf:

Name:

v-w: Entscheidung zwischen einem deutschen Wort und einem Fremdwort

Achtung: In Fremdwörtern wird „v“ wie /w/ gesprochen, z.B.: Vase, Video.
Hörst du in Fremdwörtern also /**w**/, musst du immer „**v**“ schreiben.

Grund: Im romanischen Alphabet gibt es den Buchstaben „w“ nicht.
Für den w-Laut wird deshalb immer „v“ geschrieben.

Setze ein: v oder w?

Katja und Ulf

Heute Abend besuchen Ulfs Eltern ein __arieté. Ulf und seine Freundin haben die __illa und das __ohnzimmer also ganz für sich. Zwischen __andteppichen, __itrinen und __ertvollen __asen sitzen sie auf der Ledercouch (Ulfs Eltern zeigen gerne ihren __ohlstand) und schauen __ideos an. Gerade läuft eine Dokumentation über __ulkane, und bei jedem gefilmten Ausbruch __ibrieren die Lautsprecherboxen heftig. Katja __usste noch gar nicht, dass es Unter__asser__ulkane gibt und dass auf __ulkaninseln eine ganz besondere __egetation entstehen kann.

Ulf gähnt gelangweilt. Als er aufsteht, um sich einen Kakao mit __anilleeis zu machen, __ählt sie schon die nächste DVD aus: Der Mitschnitt eines __iolinkonzertes. Da __ird es Ulf zu viel: „__illst du jetzt schon __ieder bestimmen, was wir gucken?“

„Ich habe jedenfalls keine Lust, einen von deinen blöden __ampirfilmen zu schauen“, entgegnet Katja. So etwas hatte Ulf er__artet. „Dass du immer so engstirnig bist, geht mir so was von auf den __ecker!“, motzt er und rennt __ütend auf die __eranda hinaus. Katja folgt ihm un__illig. Damit beginnt ein lautstarker Streit.

Wie könnte die Geschichte weitergehen? Wenn du möchtest, schreibe es auf:

____

____

____

____

Name:

v-w-f? Welche Schreibung ist richtig?

Zusammenfassung der Regeln zu f, v und w:

Deutsche Wörter:
Hörst du /**f**/, musst du im Normalfall „**f**" schreiben.
Die wenigen Wörter mit „**v**" hast du bereits gelernt (Vater, Vogel usw.).

Fremdwörter:
Hörst du am **Anfang** und in der **Mitte** /**f**/, musst du „**f**" schreiben (Foto, Information).
Hörst du am **Ende** /**f**/, musst du „**v**" schreiben (brav, Nerv).
Hörst du am **Anfang** oder in der **Mitte** /**w**/, musst du ebenfalls „**v**" schreiben (Vampir, privat).

Wende die gelernten Regeln an und setze ein: f, v oder w?
Begründe deine Entscheidungen.

Und jetzt!?

Lars und Kira treffen sich im Ca__é. Wieder wurde Lars' Bewerbung abgelehnt. „Das hat doch alles keinen Sinn. Mich nimmt keiner", murmelt er bedrückt, während er seinen Pullo__er über die Stuhllehne legt.

„Mit deinem jetzigen Abschluss hast du __ielleicht keine Perspekti__e, aber du kannst akti__ etwas für eine bessere Quali__izierung tun! Weiterbildung heißt die De__ise", meint Kira.

„Du hast gut reden", platzt es aus Lars heraus, „du hast das Abitur mit Bra__our bestanden und zudem das Pri__ileg, dass deine Eltern dir das Studium bezahlen!"

„Das garantiert mir auch keinen Job. Es gibt genug Leute, die von der Uni__ersität kommen und dann __or dem Arbeitsamt stehen", entgegnet Kira.

Lars bemerkt eine __liege, schlägt aus Re__lex zu und wirft dabei seine Tasse um.

„Das Problem ist doch, dass man sich bei den __enigen Arbeitsplätzen, die es gibt, auch noch gegen zig Ri__alen durchsetzen muss. Und die Re__ormen der Politiker helfen da auch nicht. Es heißt am Ende doch immer nur, dass jedes Indi__iduum für sich selbst __erantwortlich ist", sagt Lars müde. Er __ühlt sich, als hätte er ein __akuum im Kopf.

„Da hast du sicher recht", gesteht Kira ein, „aber jetzt geht es darum, deine Chancen zu erhöhen, damit du die Kur__e kriegst. Wenn du möchtest, können wir uns heute Abend über die di__ersen __arianten der Weiterbildungsangebote in__ormieren."

Lars nickt. Eigentlich möchte er keine Schule mehr besuchen, sondern lieber gleich Geld verdienen. Aber arbeitslos zu sein, ist für ihn auch keine Alternati__e...

Name:

v-w-f? Wiederholung der Regeln im Text

Aufgabe 1: Lies den Text durch.

Kira und das Fleisch

Es gibt viele Menschen, die bewusst auf Fleisch verzichten. Seit drei Monaten ist auch Kira Vegetarierin. Während es einigen darum geht, sich gesund und vitaminreich zu ernähren, möchte Kira Verantwortung für die Tiere übernehmen. Sie findet es pervers, wie das Vieh in der Massentierhaltung zusammengepfercht, mit Medikamenten vollgepumpt und gemästet wird. In ihrer Vision haben alle Lebewesen das Recht auf Leben und eine würdige Behandlung – Menschen UND Tiere.

Für sie gibt es genügend Alternativen zu Fleisch, zum Beispiel Tofu in seinen unterschiedlichen Variationen. Oft versucht sie, ihren Vater davon zu überzeugen, kein Fleisch mehr zu essen, da es sie massiv stört, wenn er in der Küche beispielsweise Würstchen brät. Der Vater findet die Einstellung seiner Tochter naiv und sie geht ihm damit auf den Nerv, denn wenn ein paar Menschen privat auf Fleisch verzichten, ist das in seinen Augen noch keine Revolution.

Aber Kira ist entschlossen, an ihrem Ideal festzuhalten. Immerhin gibt es bundesweit über sechs Millionen Vegetarier. Wenn die aktiv werden und intensiv daran arbeiten, andere Menschen zu überzeugen, so denkt Kira, wird der Fleischkonsum sinken.

Inzwischen überlegt sie, den nächsten Schritt zu gehen und als Veganerin ganz auf tierische Produkte, also auch auf Eier, Honig und tierische Fette, zu verzichten. Und ihrem Vater hat sie neulich ein paniertes Tofuschnitzel serviert. Beide mussten grinsen, denn den Unterschied hat er erst gar nicht bemerkt...

Aufgabe 2: Sortiere die unterstrichenen Wörter in die Spalten der Tabelle ein.

v am Wortanfang		v in der Wortmitte wie /w/ gesprochen	v am Wortende wie /f/ gesprochen
wie f gesprochen	wie w gesprochen		

Name:

ph: Wortliste mit wichtigen ph-Wörtern

Ob ein **Fremdwort** mit **„f“** oder **„ph“** geschrieben wird, kannst du **nicht** hören.
Manchmal ist sogar beides richtig:

Phantasie/**F**antasie
Photo/**F**oto
Del**ph**in/Del**f**in

Es gibt aber noch viele Wörter, die mit **„ph“** geschrieben werden **müssen**.

1. Merke dir wichtige Wörter, die mit „ph“ geschrieben werden müssen:

die **Ph**ysik
die **Ph**ilosop**h**ie
die **Ph**ilologie
die **Ph**armazie
die **Ph**obie
die **Ph**ase
die **Ph**rase
das **Ph**änomen
das **Ph**legma
die **Ph**ysis
das **Ph**antom
der **Ph**osphor
der **Ph**arao
das **Ph**ishing
phatt

das Al**ph**abet
der As**ph**alt
die Katastro**ph**e
die Atmos**ph**äre
das Mor**ph**ium
der Pro**ph**et
die Meta**ph**er
die Tro**ph**äe
der Apostro**ph**

____
____
____
____
____
____

2. Notiere im rechten Kasten weitere Wörter mit „ph“, die dir wichtig sind.

Name:

ph: Lerntipps für ph-Wörter

Lerntipps zu den wichtigen Wörtern mit ph:

1. Welche Wörter aus der Liste sind dir unbekannt?

- Informiere dich über ihre Bedeutung (Wörterbuch, Internet)

2. Merkwort-Kärtchen

- Schneide mindestens 25 Kärtchen in der Größe der Vorlage aus.
- Klebe ein Kärtchen mit „ph-Wörter" auf eine leere Streichholzschachtel.
- Schreibe die ph-Wörter aus der Liste mit ihrer Bedeutung auf die Kärtchen.
- Bewahre die Kärtchen in der Schachtel auf und wiederhole sie regelmäßig.

ph-Wörter	*der Pharao* *altägyptischer König*	__________ __________ __________

3. Wortverwandte

- Wird ein Wort mit ph geschrieben, so gilt das auch für seine Ableitungen.
- Suche jeweils mindestens einen Wortverwandten.

Physik: ________________

Philosophie: ________________

Philologie: ________________

Pharmazie: ________________

Phobie: ________________

Phase: ________________

Phrase: ________________

Phänomen: ________________

Phlegma: ________________

Physis: ________________

Phantom: ________________

Phosphor: ________________

Pharao: ________________

Asphalt: ________________

Katastrophe: ________________

Atmosphäre: ________________

Morphium: ________________

Prophet: ________________

Metapher: ________________

Trophäe: ________________

Alphabet: ________________

Name:

f-v-w-ph: Wiederholung aller Regeln im Diktat

Diktat

Name:

f-v-w-ph: Informeller Abschlusstest

Hier kannst du zeigen, ob du alles verstanden hast.

Hendrik

Kaum hatte er sein Zimmer betreten und den Rucksack in die Ecke ge___orfen, drehte Hendrik die Musik auf. Klarer ___all: Er hasste die Schule. Nicht nur wegen seiner Lehrer, sondern ___or allem wegen seiner Mitschüler. War das sein ___ehler? War er einfach der geborene ___erlierer? Alles hatte ange___angen, als er in die neue Klasse kam. Kaum hatte er sich im ___ysikraum neben Valerie gesetzt, rümpfte diese die Nase und rutschte von ihm ___eg. Was sollte er machen? Er war nun einmal blass, pickelig und ständig übernächtigt.

In der Pause auf dem Schulho___ ging das Getuschel los und verstummte erst, als er in die Nähe kam. Dann ging Jens auf ihn zu, der als Cliquenführer das „Pri___ileg“ hatte, andere dissen zu dür___en. „Dich haben sie wohl aus dem Friedho___ ausgegraben?“, höhnte er und sah sich bei___allheischend um. Die anderen ___anden das offenbar ___ahnsinnig ___itzig und grölten los. Hendrik aber ___usste leider nichts darau___ zu erwidern. Er ___irkte ja tatsächlich nicht sehr kommunikati___ und ___ital. Also blickte er nur ___inster ___or sich hin und ___artete auf das Ende der Pause.

___on nun an gab jeden Tag neue Sprüche, die bald jedes Ni___eau verloren. „Blöde ___rasendrescher“, dachte Hendrik, aber er ergriff trotz allem immer wieder die Initiati___e und ___ersuchte, statt depressi___ zu werden, Kontakte zu knüpfen. Ohne Er___olg! Jens klaute ihm sein Käppi und nahm es als Tro___äe mit. Peter ___ersteckte seine Schultasche in der Mädchentoilette. Klaus klebte ihm heimlich einen Zettel auf den Rücken, auf dem stand: „Hier ist hinten.“ Mit diesem ___reundlichen Hinweis war er dann am Nachmittag ahnungslos durch die Stadt gelau___en.

Aber das alles konnte Hendrik noch irgendwie ___erkraften. Die wahre Katastro___e trat jedoch an Karne___al ein. Viele waren betrunken und ___erloren sich in Späßen über Hendrik. Weil ihm das alles massi___ a uf den Ner___ und an die Nieren ging, ___ing er an sich mit den ___äusten zu ___ehren. Es endete damit, dass Jens und Klaus ihn be___usstlos schlugen, sein Gesicht auf den As___alt drückten und ihn anschließend in den Müllcontainer hievten, als ob er nichts ___ert ___äre. Wie er___artet, kam niemand zur Hilfe. Und heute war das ___ideo davon der Renner in der Schule. Jens hatte einen doo___en ___ers dazu getextet, den er selbst natürlich ___att fand.

Jetzt reichte es Hendrik. Er hatte keine Lust mehr, das ___entil für diese ___iderlinge zu sein…

Gleichklingende Buchstabengruppen
Lösungen zu f-v-w-ph

v: Merkwörter im Kreuzworträtsel

Hinweis für den Lehrenden:

Die Übungsform „Kreuzworträtsel" ist hauptsächlich als Abwechslung beim Einprägen der v-Wörter gedacht. Sinnvoll wäre, die Lösungswörter zusätzlich noch einmal schreiben zu lassen.

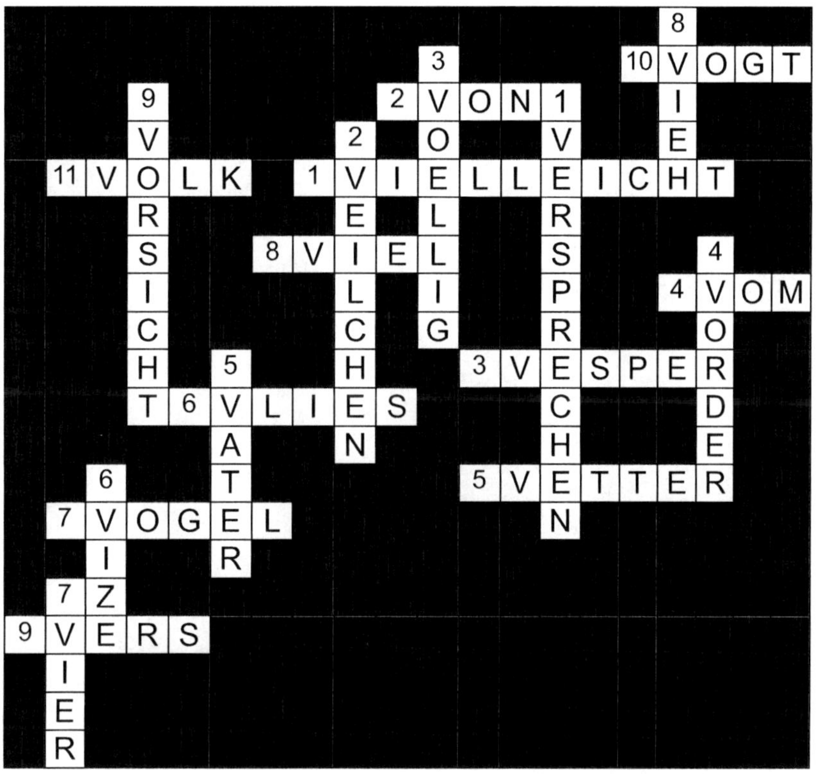

v: Wortverwandte finden

Im linken Kasten findest du einige v-Wörter.
Bilde mit ihnen und denen im rechten Kasten passende Zusammensetzungen.

Achtung:
Manchmal gibt es mehrere Möglichkeiten. Die richtige Lösung ist die, bei der alle v-Wörter genau *einen* Partner aus der rechten Spalte finden.

Vater	blau
vor	groß
Vieh	Eck
Vogel	Sitz
vor	Zucht
vier	Korn
viel	Präsident
vorder	Spaß
Vize	Fraß
Veilchen	Sicht

Lösungen:

Groß**v**ater

Vorsicht

Viehzucht (Zuchtvieh geht auch)

Spaß**v**ogel

Vollkorn

Viereck

Vielfraß

Vordersitz

Vizepräsident

veilchenblau

v: Wortverwandte finden

Im linken Kasten findest du einige v-Wörter.
Bilde mit ihnen und denen im rechten Kasten passende Zusammensetzungen.

Achtung:
Manchmal gibt es mehrere Möglichkeiten. Die richtige Lösung ist die, bei der alle v-Wörter genau einen Partner aus der rechten Spalte finden.

Vieh	blau
Vogel	Maß
voll	Eck
vier	Sitz
viel	Zucht
vorder-	Korn
Vize	Draht
Veilchen	Präsident
Vlies	Spaß
Vers	Fraß

Lösungen:

Viehzucht (Zuchtvieh geht auch)
Spaß**v**ogel
Vollkorn
Viereck
Vielfraß
Vordersitz
Vizepräsident
veilchenblau
Draht**v**lies
Versmaß

2. Hier sind weitere Wörter und Vorsilben mit „v". Finde für jede Linie einen Wortverwandten. Besprich das Ergebnis mit deinem Lehrer.

Mögliche Lösungen:

Vater	**ver-**	**vor-**
Großvater	versprechen	Vorsicht
Vaterschaft	vergessen	Vorurteil
väterlich	Vertrieb	vorsprechen

v: Wortverwandte finden

Hier sind die v-Wörter noch einmal aufgelistet.

1. Finde zu jedem Wort mindestens einen Verwandten.

Mögliche Lösungen:

Vater:	Großvater, väterlich, Stiefvater, vaterlos, Vaterschaft
Vogel:	Vögel, vogelfrei, Vogelhaus, Hühnervogel, Spaßvogel, Raubvogel
Vieh:	Viehzucht, Zuchtvieh, viehisch
Volk:	Völker, Volksentscheid, Bevölkerung, volkstümlich, Volkswagen, Volkslied
Veilchen:	veilchenblau, Veilchenstrauß, Veilchenparfum
Vetter:	Vetternwirtschaft, die Vettern
Vogt:	Landvogt, Vogtei
Vers:	Verse, Versmaß, Bibelvers
Vlies:	Vliesstoff, Drahtvlies
Vesper:	Abendvesper, vespern, du vesperst
Vize:	Vizekanzler, Vizepräsident
viel:	vielmehr, vielleicht, vielmals, Vielfraß, Vielvölkerstaat
voll:	voller, am vollsten, völlig, Völlerei, humorvoll, Vollmilch, Volldampf, vollautomatisch
vier:	Viereck, Geviert, vierzehn, vierzig, vierhundert...

2. Bilde mit diesen Wörtern je einen ganzen Satz.

Mögliche Lösungen:

von:	Ich habe genug **von** dir.
vom:	Er kommt gerade **vom** Schwimmen heim.
vor:	Was hast du heute **vor**?
vorn:	Beim Konzert standen wir ganz **vorn**.
vorige:	Die Erkältung hatte bereits in der **vorigen** Woche begonnen.

v–f: Automatisieren im Text

Hinweis für den Lehrenden:

Nachdem die v-Merkwörter in mehreren Übungen behandelt wurden, steht nun die Entscheidung „v oder f" an: Alle Wörter, die *nicht* zu den v-Merkwörtern gehören, werden mit „f" geschrieben, wenn man /f/ hört.

Für diejenigen, die bei bestimmten Schülern die **Ähnlichkeitshemmung** befürchten: Lassen Sie ein bisschen Zeit verstreichen und fragen Sie dann die v-Merkwörter nochmals ab. Wenn sie sicher gespeichert sind, dürfte die Übung keine Schwierigkeiten bereiten.
Wenn sie noch nicht sicher gespeichert sind, sollten die Schüler sie auf kleine Kärtchen schreiben (z.B. so klein, dass sie in eine Streichholzschachtel passen), und jeden Tag einmal wiederholen – möglichst in unterschiedlicher Reihenfolge.
Oder spielen Sie mit ihnen „Bingo": Ein Feld von 5x5-Kästchen wird erstellt, in das die Schüler die v-Merkwörter beliebig eintragen. In zwei Felder schreiben sie „Joker". Lesen Sie nun die v-Wörter in anderer Reihenfolge vor; die Schüler haken immer das jeweilige Wort ab. Der, der als Erster drei Wörter neben-, untereinander oder diagonal ankreuzen konnte, ruft „Bingo" und hat gewonnen. Das Spiel kann so lange wiederholt werden, bis alle Wörter sicher im Gedächtnis verankert sind (oder bis es den Schülern zum Hals raushängt.☺)

Sind die v-Wörter dann gefestigt, kann die Übung zur Bearbeitung angeboten werden.

Denke an die Wörter mit v, die du gelernt hast, und entscheide dich zwischen v und f.

Auf dem Bolzplatz

Obwohl es Februar ist, friert Lars nicht. Schwitzend und strahlend vor Freude rennt er über den Bolzplatz.

Als er bei einem Freistoß das 2:1 schießt, wirft Kira ihm eine Kusshand zu und applaudiert.

In der Pause geht er zu ihr und sieht Timo, der neben ihr sitzt.

„Willst du nicht mitspielen?", fragt er ihn. Timo schüttelt den Kopf.

„Ich schaue viel lieber zu", meint er.

„Aber du magst Fußball!?"

„Aber ja!", sagt Timo, „das ist ein faszinierender Sport. Wusstest du, dass der heutige Fußball in der Mitte des vorletzten Jahrhunderts in England entstanden ist und 1874 nach Deutschland kam? Der Sport wurde von dem Lehrer Konrad Koch an einem Gymnasium in Braunschweig eingeführt. Er wollte, dass seine Schüler sich beim Spiel im Freien ertüchtigen. Aber der Fußball musste sich beim Volk erst gegen das Turnen durchsetzen."

„Also mir ist die Praxis lieber!", grinst Lars, als er sieht, dass es weitergeht.

Jetzt juckt es Timo doch in den Füßen und er greift zu seinen Schuhen. „Was ist mit dir?", fragt er, an Kira gewandt, „Frauenfußball wird doch immer beliebter!"

„Ja, vielleicht, kann schon sein, aber nicht bei mir!"

Timo flitzt aufs Feld. Er übernimmt die Funktion des Verteidigers und macht dabei eine gute Figur.

Kira denkt an ihren Vater, der ein begeisterter Bayern-Fan ist. Sie kann die Leidenschaft für diese Sportart nicht nachvollziehen. Aber wenn Lars spielt, sieht sie gerne zu.

v–f: Automatisieren im Text

Hinweis für den Lehrenden:

Nachdem die v-Merkwörter in mehreren Übungen behandelt wurden, steht nun die Entscheidung „v oder f“ an: Alle Wörter, die *nicht* zu den v-Merkwörtern gehören, werden mit „f“ geschrieben, wenn man /f/ hört.

Für diejenigen, die bei bestimmten Schülern die **Ähnlichkeitshemmung** befürchten: Lassen Sie ein bisschen Zeit verstreichen und fragen Sie dann die v-Merkwörter nochmals ab. Wenn sie sicher gespeichert sind, dürfte die Übung keine Schwierigkeiten bereiten.
Wenn sie noch nicht sicher gespeichert sind, sollten die Schüler sie auf kleine Kärtchen schreiben (z.B. so klein, dass sie in eine Streichholzschachtel passen), und jeden Tag einmal wiederholen – möglichst in unterschiedlicher Reihenfolge.
Oder spielen Sie mit ihnen „Bingo“: Ein Feld von 5x5-Kästchen wird erstellt, in das die Schüler die v-Merkwörter beliebig eintragen. In zwei Felder schreiben sie „Joker“. Lesen Sie nun die v-Wörter in anderer Reihenfolge vor; die Schüler haken immer das jeweilige Wort ab. Der, der als Erster drei Wörter neben-, untereinander oder diagonal ankreuzen konnte, ruft „Bingo“ und hat gewonnen. Das Spiel kann so lange wiederholt werden, bis alle Wörter sicher im Gedächtnis verankert sind (oder bis es den Schülern zum Hals raushängt. ☺)

Sind die v-Wörter dann gefestigt, kann die Übung zur Bearbeitung angeboten werden.

**Denke an die Wörter mit v, die du gelernt hast,
und entscheide dich zwischen v und f.**

Auf dem Bolzplatz
Obwohl es Februar ist, friert Lars nicht. Schwitzend und strahlend vor Freude rennt er über den Bolzplatz. Als er bei einem Freistoß das 2:1 schießt, wirft Kira ihm eine Kusshand zu und applaudiert.
In der Pause geht er zu ihr und sieht Timo, der neben ihr sitzt und sein Vesperbrot verzehrt.
„Willst du nicht mitspielen?“, fragt er ihn. „Wir sind nur zu viert, mein Vetter konnte heute nicht kommen.“
Timo schüttelt den Kopf. „Ich schaue viel lieber zu“, meint er kauend.
„Aber du magst Fußball!?“
„Aber ja!“, sagt Timo, „das ist ein faszinierender Sport. Wusstest du, dass der heutige Fußball in der Mitte des vorletzten Jahrhunderts in England entstanden ist und 1874 nach Deutschland kam? Der Sport wurde von dem Lehrer Konrad Koch an einem Gymnasium in Braunschweig eingeführt. Er wollte, dass seine Schüler sich beim Spiel im Freien ertüchtigen. Aber der Fußball musste sich beim Volk erst gegen das Turnen durchsetzen.“
„Das ist ja alles voll interessant, aber mir ist die Praxis lieber!“, grinst Lars, als er sieht, dass es weitergeht.
Jetzt juckt es Timo doch in den Füßen und er greift zu seinen Schuhen. „Was ist mit dir?“, fragt er, an Kira gewandt, „Frauenfußball wird doch immer beliebter!“
„Ja, vielleicht, kann schon sein, aber nicht bei mir!“
Timo flitzt aufs Feld. Er übernimmt die Funktion des Verteidigers und macht dabei eine gute Figur. Kira denkt an ihren Vater, der ein begeisterter Bayern-Fan ist. Wenn er die Spiele am Fernseher verfolgt, fühlt sie sich fehl am Platz. Sie kann die Leidenschaft für diese Sportart nicht nachvollziehen. Aber wenn Lars spielt, sieht sie gerne zu.

v–f: Automatisieren im Text

<u>Hinweis für den Lehrenden:</u>

Nachdem die v-Merkwörter in mehreren Übungen behandelt wurden, steht nun die Entscheidung „v oder f“ an: Alle Wörter, die *nicht* zu den v-Merkwörtern gehören, werden mit „f“ geschrieben, wenn man /f/ hört.

Für diejenigen, die bei bestimmten Schülern die **Ähnlichkeitshemmung** befürchten: Lassen Sie ein bisschen Zeit verstreichen und fragen Sie dann die v-Merkwörter nochmals ab. Wenn sie sicher gespeichert sind, dürfte die Übung keine Schwierigkeiten bereiten.
Wenn sie noch nicht sicher gespeichert sind, sollten die Schüler sie auf kleine Kärtchen schreiben (z.B. so klein, dass sie in eine Streichholzschachtel passen), und jeden Tag einmal wiederholen – möglichst in unterschiedlicher Reihenfolge.
Oder spielen Sie mit ihnen „Bingo“: Ein Feld von 5x5-Kästchen wird erstellt, in das die Schüler die v-Merkwörter beliebig eintragen. In zwei Felder schreiben sie „Joker“. Lesen Sie nun die v-Wörter in anderer Reihenfolge vor; die Schüler haken immer das jeweilige Wort ab. Der, der als Erster drei Wörter neben-, untereinander oder diagonal ankreuzen konnte, ruft „Bingo“ und hat gewonnen. Das Spiel kann so lange wiederholt werden, bis alle Wörter sicher im Gedächtnis verankert sind (oder bis es den Schülern zum Hals raushängt.☺)

Sind die v-Wörter dann gefestigt, kann die Übung zur Bearbeitung angeboten werden.

Denke an die Wörter mit v, die du gelernt hast,
und entscheide dich zwischen v und f.

Auf dem Bolzplatz
Obwohl es <u>**F**ebruar</u> ist, <u>**f**riert</u> Lars nicht. Schwitzend und strahlend
<u>**v**or</u> <u>**F**reude</u> rennt er über den Bolzplatz. Als er bei einem <u>**F**reistoß</u>
das 2:1 schießt, wirft Kira ihm eine Kusshand zu und applaudiert.
In der Pause geht er zu ihr und sieht Timo, der neben ihr sitzt und sein <u>**V**esperbrot</u> <u>**v**erzehrt</u>.
„Willst du nicht mitspielen?“, <u>**f**ragt</u> er ihn. „Wir sind nur zu <u>**v**iert</u>, mein <u>**V**etter</u> konnte heute nicht kommen.“
Timo schüttelt den Kopf. „Ich schaue <u>**v**iel</u> lieber zu“, meint er kauend.
„Aber du magst <u>**F**ußball</u>!?“
„Aber ja!“, sagt Timo, „das ist ein <u>**f**aszinierender</u> Sport. Wusstest du, dass der heutige <u>**F**ußball</u> in der Mitte des <u>**v**orletzten</u> Jahrhunderts in England entstanden ist und 1874 nach Deutschland kam? Der Sport wurde <u>**v**on</u> dem Lehrer Konrad Koch an einem Gymnasium in Braunschweig <u>einge**f**ührt</u>. Er wollte, dass seine Schüler sich beim Spiel im <u>**F**reien</u> ertüchtigen. Aber der <u>**F**ußball</u> musste sich beim <u>**V**olk</u> erst gegen das Turnen durchsetzen.“
„Die Theorie ist ja <u>**v**oll</u> interessant, aber mir ist die Praxis lieber!“, grinst Lars, als er sieht, dass es weitergeht. Er kickt den Ball mit der <u>**F**erse</u> zurück ins Spiel und rennt auf seine Stürmerposition.
Jetzt juckt es Timo doch in den <u>**F**üßen</u> und er greift zu seinen Schuhen. „Was ist mit dir?“, fragt er, an Kira gewandt, „<u>**F**rauen**f**ußball</u> wird doch immer beliebter!“
„Ja, <u>**v**ielleicht</u>, kann schon sein, aber nicht bei mir!“
Timo <u>**f**litzt</u> aufs <u>**F**eld</u>. Er übernimmt die <u>**F**unktion</u> des Verteidigers und macht dabei eine gute <u>**F**igur</u>. Kira denkt an ihren <u>**V**ater</u>, der ein begeisterter Bayern-<u>**F**an</u> ist. Wenn er die Spiele am <u>**F**ernseher</u> <u>**v**erfolgt</u>, <u>**f**ühlt</u> sie sich <u>**f**ehl</u> am Platz. Sie kann die Leidenschaft für diese Sportart nicht <u>nach**v**ollziehen</u>. Aber wenn Lars spielt, sieht sie gerne zu.

v am Wortende

Hinweis für den Lehrenden:
Deutsche Wörter mit v am Ende gibt es nicht. Selbst das häufig benutzte „brav" ist kein deutsches Wort, sondern kommt aus dem Französischen.
Es gibt auch nicht allzu viele deutsche Wörter mit „f" am Ende: Schaf, Hof, Huf, Dorf usw.
Auf einigermaßen sicherer Seite ist man, wenn man die wichtigsten Fremdwörter mit v am Ende auswendig lernt und sich auch noch merkt, dass die Endung -iv mit v geschrieben wird. Leider gibt zu Letzterem zwei Ausnahmen: Tarif und Kalif.

---

1. Finde heraus, was konkav, Luv und oliv bedeuten.

konkav:
Eine Fläche, die nach innen gewölbt ist. Es gibt im Spiegelkabinett auf dem Jahrmarkt Konkavspiegel, in denen du lang und dünn aussiehst. Das Gegenteil ist der Konvexspiegel, der dich klein und dick macht: Er ist nach außen gewölbt.

Luv:
Begriff aus der Seefahrt: die Seite auf einem Schiff oder Surfbrett, die dem Wind zugewandt ist. Das Gegenteil ist Lee.

oliv:
olivfarben; von der Farbe einer Olive. Die Tarnnetze und Uniformen von Soldaten sind olivgrün.

**3. Finde drei weitere Wörter, die auf -iv enden und schreibe sie auf.
Kontrolliere die Schreibung mit dem Duden oder frage deinen Lehrer.**

Mögliche Lösungen:
subjektiv, objektiv, relativ, definitiv, passiv, primitiv, informativ, intensiv, Adjektiv, Akkusativ, Substantiv, Genitiv, Dativ, Nominativ, Superlativ, Komparativ, Indikativ, Konjunktiv, intuitiv, kreativ, provokativ, präventiv, vegetativ, Kollektiv

v-w: Problemerkennung

Hinweis für den Lehrenden:
Im Alphabet der romanischen Sprachen kommt der Buchstabe „w“ nicht vor. Für den /w/-Laut wird daher „v“ geschrieben. Hört man also in Fremdwörtern am Wortanfang oder in der Wortmitte /w/, muss man immer „v“ schreiben.
In dieser Übung können die Schüler versuchen, sich die Regel zu diesem Prinzip selbst zu erarbeiten. Gelingt dies nicht, muss die Lehrkraft helfend einschreiten.

---

1. Lies den Text durch.

Das wahre Leben?

Visionäre haben es vorausgesehen: Einige Menschen verbringen heute ein großes Volumen ihrer Zeit in virtuellen Welten und haben nur noch eine vage Ahnung davon, was das wahre Leben ist. Wie von einem Virus infiziert, scheinen sich manche zu Sklaven ihrer Computer zu machen.
Es gibt Computerspiele, Internetseiten und Videos in allen Varianten und auf sehr unterschiedlichem Niveau. In einigen davon werden auch Gewalttaten, Vandalismus und vulgäre Handlungen visualisiert. Doch können diese virtuellen Welten wirklich die schönen privaten Momente mit deinen Freunden und Freundinnen ersetzen?

2. Achte auf die unterstrichenen Wörter im Text. Was haben sie gemeinsam?

a) Die Wörter werden am Wort*anfang* und in der Wort*mitte* mit **v/V** geschrieben.

b) Dieser Buchstabe wird hier wie **w** gesprochen.

c) Sind das deutsche Wörter? Kreuze die richtige Antwort an. **O** ja X nein

Achtung:
Fremdwörter kannst du oft an ihrer Betonung erkennen:
Bei ihnen liegt der betonte Vokal in vielen Fällen nämlich NICHT in der ersten Silbe, sondern in der zweiten oder einer weiteren, z.B. bei: Volûmen, Variânte. In deutschen Grundwörtern hingegen ist *immer* der erste Vokal im Wort betont.
Leider gibt es auch Fremdwörter, die wie die deutschen Wörter in der ersten Silbe ihren Betonungsgipfel tragen, vergleiche Vîdeo, Vîrus, vâge. Sie sind deshalb nicht so leicht von ihnen zu unterscheiden.

3. Vervollständige den Merksatz:

Wenn ich bei einem **Fremd**wort am **Anfang** und in der **Mitte** **w** höre, muss ich **v** schreiben.

v-w: Entscheidung zwischen einem deutschen Wort und einem Fremdwort

Hinweis für den Lehrenden:
Im Alphabet der romanischen Sprachen kommt der Buchstabe „w“ nicht vor. Für den /w/-Laut wird daher immer „v“ geschrieben. Hört man also in Fremdwörtern am Wortanfang oder in der Wortmitte /w/, muss man immer „v“ schreiben. Diese Tatsache muss den Schülern erklärt werden.

Die „eingedeutschten“ Fremdwörter, deren „v“ mittlerweile wie /f/ gesprochen wird, wurden schon als Merkwörter geübt: der Vers, die Vesper, Vlies, Vize

Problematisch wird es dann, wenn es um Wörter geht, deren Aussprache zwischen w und f schwankt: Initiative, Larve, Pulver, evangelisch, November, brave (gebeugt in der Wortmitte)...

Die Schwierigkeit, mündlich bekannte Wörter als Fremdwörter zu erkennen, wird für viele Kinder (und Erwachsene, die kein Fremdsprachenwissen haben) nicht durch ein paar Übungen überwunden werden können. Es gilt, nach und nach ein *Gefühl* für Fremdwörter zu vermitteln, gepaart mit einigen wenigen Hinweisen, auf die man sich verlassen kann, z.B. dass ein Wort, das *nicht* in der ersten Silbe betont ist (und keine unbetonte Vorsilbe hat), auf keinen Fall ein deutsches Wort sein kann: vulgâr, Universitât, Offensîve, Vulkân, Variânte.
Aber: Sklâve, Sêrvice → hier ist die *erste* Silbe betont und deshalb sind diese Wörter nicht mithilfe der Betonung als Fremdwörter erkennbar.

Katja und Ulf

Heute Abend besuchen Ulfs Eltern das Theater. Ulf und seine Freundin haben das **W**ohnzimmer für sich. Zwischen **W**andteppichen und **w**ertvollen **V**asen sitzen sie auf der Ledercouch (Ulfs Eltern zeigen gerne ihren **W**ohlstand) und schauen **V**ideos an. Gerade läuft eine Dokumentation über **V**ulkane, und bei jedem gefilmten Ausbruch **v**ibrieren die Lautsprecherboxen. Katja **w**usste noch gar nicht, dass es die feuerspeienden Berge auch unter **W**asser gibt.
Ulf gähnt gelangweilt. Als er aufsteht, um sich einen Kakao mit **V**anilleeis zu machen, sucht sie schon die nächste DVD aus: Der Mitschnitt eines **V**iolinkonzertes. Da **w**ird es Ulf zu viel: „**W**illst du jetzt schon **w**ieder bestimmen, was wir gucken?“ „Ich habe jedenfalls keine Lust, einen von deinen blöden **V**ampirfilmen zu schauen“, entgegnet Katja. „Dass du immer so engstirnig bist, geht mir so was von auf den **W**ecker!“, motzt Ulf. Damit beginnt ein lautstarker Streit.

v-w: Entscheidung zwischen einem deutschen Wort und einem Fremdwort

Hinweis für den Lehrenden:
Im Alphabet der romanischen Sprachen kommt der Buchstabe „w" nicht vor. Für den /w/-Laut wird daher immer „v" geschrieben. Hört man also in Fremdwörtern am Wortanfang oder in der Wortmitte /w/, muss man immer „v" schreiben. Diese Tatsache muss den Schülern erklärt werden.

Die „eingedeutschten" Fremdwörter, deren „v" mittlerweile wie /f/ gesprochen wird, wurden schon als Merkwörter geübt: der Vers, die Vesper, Vlies, Vize

Problematisch wird es dann, wenn es um Wörter geht, deren Aussprache zwischen w und f schwankt: Initiative, Larve, Pulver, evangelisch, November, brave (gebeugt in der Wortmitte)...

Die Schwierigkeit, mündlich bekannte Wörter als Fremdwörter zu erkennen, wird für viele Kinder (und Erwachsene, die kein Fremdsprachenwissen haben) nicht durch ein paar Übungen überwunden werden können. Es gilt, nach und nach ein *Gefühl* für Fremdwörter zu vermitteln, gepaart mit einigen wenigen Hinweisen, auf die man sich verlassen kann, z.B. dass ein Wort, das *nicht* in der ersten Silbe betont ist (und keine unbetonte Vorsilbe hat), auf keinen Fall ein deutsches Wort sein kann: vulgâr, Universitât, Offensîve, Vulkân, Variânte.
Aber: Sklâve, Sêrvice → hier ist die *erste* Silbe betont und deshalb sind diese Wörter nicht mithilfe der Betonung als Fremdwörter erkennbar.

Katja und Ulf

Heute Abend besuchen Ulfs Eltern das Theater. Ulf und seine Freundin haben die **V**illa und das **W**ohnzimmer also ganz für sich. Zwischen **W**andteppichen, **V**itrinen und **w**ertvollen **V**asen sitzen sie auf der Ledercouch (Ulfs Eltern zeigen gerne ihren **W**ohlstand) und schauen **V**ideos an. Gerade läuft eine Dokumentation über **V**ulkane, und bei jedem gefilmten Ausbruch **v**ibrieren die Lautsprecherboxen heftig. Katja **w**usste noch gar nicht, dass es Unter**w**asser**v**ulkane gibt und dass auf **V**ulkaninseln eine ganz besondere **V**egetation entstehen kann.

Ulf gähnt gelangweilt. Als er aufsteht, um sich einen Kakao mit **V**anilleeis zu machen, sucht sie schon die nächste DVD aus: Der Mitschnitt eines **V**iolinkonzertes. Da **w**ird es Ulf zu viel: „**W**illst du jetzt schon **w**ieder bestimmen, was wir gucken?" „Ich habe jedenfalls keine Lust, einen von deinen blöden **V**ampirfilmen zu schauen", entgegnet Katja. So etwas hatte Ulf er**w**artet. „Dass du immer so engstirnig bist, geht mir so was von auf den **W**ecker!", motzt Ulf. Damit beginnt ein lautstarker Streit.

v-w: Entscheidung zwischen einem deutschen Wort und einem Fremdwort

Hinweis für den Lehrenden:
Im Alphabet der romanischen Sprachen kommt der Buchstabe „w“ nicht vor. Für den /w/-Laut wird daher immer „v“ geschrieben. Hört man also in Fremdwörtern am Wortanfang oder in der Wortmitte /w/, muss man immer „v“ schreiben. Diese Tatsache muss den Schülern erklärt werden.

Die „eingedeutschten“ Fremdwörter, deren „v“ mittlerweile wie /f/ gesprochen wird, wurden schon als Merkwörter geübt: der Vers, die Vesper, Vlies, Vize

Problematisch wird es dann, wenn es um Wörter geht, deren Aussprache zwischen w und f schwankt: Initiative, Larve, Pulver, evangelisch, November, brave (gebeugt in der Wortmitte)...

Die Schwierigkeit, mündlich bekannte Wörter als Fremdwörter zu erkennen, wird für viele Kinder (und Erwachsene, die kein Fremdsprachenwissen haben) nicht durch ein paar Übungen überwunden werden können. Es gilt, nach und nach ein *Gefühl* für Fremdwörter zu vermitteln, gepaart mit einigen wenigen Hinweisen, auf die man sich verlassen kann, z.B. dass ein Wort, das *nicht* in der ersten Silbe betont ist (und keine unbetonte Vorsilbe hat), auf keinen Fall ein deutsches Wort sein kann: vulgâr, Universitât, Offensîve, Vulkân, Variânte.
Aber: Sklâve, Sêrvice → hier ist die *erste* Silbe betont und deshalb sind diese Wörter nicht mithilfe der Betonung als Fremdwörter erkennbar.

Katja und Ulf

Heute Abend besuchen Ulfs Eltern ein Varieté. Ulf und seine Freundin haben die **V**illa und das **W**ohnzimmer also ganz für sich. Zwischen **W**andteppichen, **V**itrinen und **w**ertvollen **V**asen sitzen sie auf der Ledercouch (Ulfs Eltern zeigen gerne ihren **W**ohlstand) und schauen **V**ideos an. Gerade läuft eine Dokumentation über **V**ulkane, und bei jedem gefilmten Ausbruch **v**ibrieren die Lautsprecherboxen heftig. Katja **w**usste noch gar nicht, dass es Unter**w**asser**v**ulkane gibt und dass auf **V**ulkaninseln eine ganz besondere **V**egetation entstehen kann.
Ulf gähnt gelangweilt. Als er aufsteht, um sich einen Kakao mit **V**anilleeis zu machen, **w**ählt sie schon die nächste DVD aus: Der Mitschnitt eines **V**iolinkonzertes. Da **w**ird es Ulf zu viel: „**W**illst du jetzt schon **w**ieder bestimmen, was wir gucken?“ „Ich habe jedenfalls keine Lust, einen von deinen blöden **V**ampirfilmen zu schauen“, entgegnet Katja. So etwas hatte Ulf erwartet. „Dass du immer so engstirnig bist, geht mir so was von auf den **W**ecker!“, motzt er und rennt **w**ütend auf die **V**eranda hinaus. Katja folgt ihm un**w**illig. Damit beginnt ein lautstarker Streit.

v-w-f? Welche Schreibung ist richtig?

Zusammenfassung der Regeln zu f, v und w:

Deutsche Wörter:
Hörst du /**f**/, musst du im Normalfall „**f**“ schreiben.
Die wenigen Wörter mit „**v**“ hast du bereits gelernt (Vater, Vogel usw.).

Fremdwörter:
Hörst du am **Anfang** und in der **Mitte** /**f**/, musst du „**f**“ schreiben (Foto, Information).
Hörst du am **Ende** /**f**/, musst du „**v**“ schreiben (brav, Nerv).
Hörst du am **Anfang** oder in der **Mitte** /**w**/, musst du ebenfalls „**v**“ schreiben (Vampir, privat).

Wende die gelernten Regeln an und setze ein: f, v oder w? Begründe deine Entscheidungen.

Und jetzt!?

Lars und Kira treffen sich im Ca__é. Wieder wurde Lars‘ Bewerbung abgelehnt. „Das hat doch alles keinen Sinn. Mich nimmt keiner“, murmelt er bedrückt, während er seinen Pullo__er über die Stuhllehne legt.

„Mit deinem jetzigen Abschluss hast du __ielleicht keine Perspekti__e, aber du kannst akti__ etwas für eine bessere Quali__izierung tun! Weiterbildung heißt die De__ise“, meint Kira.

„Du hast gut reden“, platzt es aus Lars heraus, „du hast das Abitur mit Bra__our bestanden und zudem das Pri__ileg, dass deine Eltern dir das Studium bezahlen!“

„Das garantiert mir auch keinen Job. Es gibt genug Leute, die von der Uni__ersität kommen und dann __or dem Arbeitsamt stehen“, entgegnet Kira.

Lars bemerkt eine __liege, schlägt aus Re__lex zu und wirft dabei seine Tasse um.

„Das Problem ist doch, dass man sich bei den __enigen Arbeitsplätzen, die es gibt, auch noch gegen zig Ri__alen durchsetzen muss. Und die Re__ormen der Politiker helfen da auch nicht. Es heißt am Ende doch immer nur, dass jedes Indi__iduum für sich selbst __erantwortlich ist“, sagt Lars müde. Er __ühlt sich, als hätte er ein __akuum im Kopf.

„Da hast du sicher recht“, gesteht Kira ein, „aber jetzt geht es darum, deine Chancen zu erhöhen, damit du die Kur__e kriegst. Wenn du möchtest, können wir uns heute Abend über die di__ersen __arianten der Weiterbildungsangebote in__ormieren.“

Lars nickt. Eigentlich möchte er keine Schule mehr besuchen, sondern lieber gleich Geld verdienen. Aber arbeitslos zu sein, ist für ihn auch keine Alternati__e...

v-w-f? Wiederholung der Regeln im Text

Hinweis für den Lehrenden:
Der Text „Kira und das Fleisch" hat eine Reflexionsgrundlage geschaffen, die mit folgenden Fragen aufgegriffen werden könnte:

- Kennst du Leute, die sich vegetarisch ernähren?
- Weißt du, warum sie das tun?
- Was spricht dafür, auf Fleisch zu verzichten, was dagegen?
- Sollte man vollständig auf Fleisch verzichten?
- Sammele die Gründe und schreibe sie in dein Heft.

Aufgabe 2: Sortiere die unterstrichenen Wörter in die Spalten der Tabelle ein.

v am Wortanfang		v in der Wortmitte wie /w/ gesprochen	v am Wortende wie /f/ gesprochen
wie /f/ gesprochen	**wie /w/ gesprochen**		
viele verzichten Verantwortung Vieh vollgepumpt versucht Vater davon	Vegetarierin vitaminreich Vision Variationen Veganerin	pervers Alternativen privat Revolution serviert	massiv naiv Nerv aktiv intensiv

ph: Lerntipps für ph-Wörter

Hinweis für den Lehrenden:
Heutzutage stehen die Schreibungen „ph" und „f" oft gleichberechtigt nebeneinander: „f" statt „ph" ist für viele Wörter nun erlaubt, aber eben nicht für alle.
Besonders bei den Silben -graph-, -phon- und -phot- hat sich die Schreibung mit „f" eingebürgert (Telefon, Fotografie). Ihr wird vom Duden nun auch für Wörter wie *Geographie* der Vorzug gegeben.
Da sich die Experten selbst nicht ganz einig sind, welche Neuerungen sinnvoll und vertretbar sind, kann man kaum von den Schülern verlangen, in diesem Kontext durchgängig fehlerfrei zu schreiben.
Wir beschränken uns daher darauf, wichtige und gebräuchliche Wörter, die mit „ph" geschrieben werden *müssen*, lernen zu lassen. Ansonsten sollte es erlaubt sein, das Wörterbuch zu benützen.

Wichtig wäre im Sinne von Allgemeinbildung und Qualifizierung auch, mit den Schülern *gemeinsam* zu besprechen, was „Fremdwörter" überhaupt sind, woher sie kommen und welche Bedeutung sie haben.

Hintergrundwissen:
Fremdwörter wie *Girlande*, *Akademie*, *Konkubine*, *Krawatte*, *Job*, *Büro* usw. sind Wörter, die aus anderen Sprachen, zum Beispiel aus dem Lateinischen, Griechischen Italienischen, Englischen oder Französischen übernommen wurden und werden. Fremdwörter unterliegen eigenen orthographischen Regeln (im Gegensatz zu *Lehnwörtern* wie *Mauer* oder *Fenster*) und werden in Bezug auf Betonung, Beugung, Wortbildung oder Schreibung als „fremd" empfunden.
Auch deutsche Wörter werden in andere Sprachen übernommen und sind dann dort „Fremdwörter", z.B. *bratwurst* und *wanderlust* im Englischen, *wurstel* im Italienischen, *waldsterben* im Französischen oder *buterbrod* im Russischen.

Vertiefendes Spiel:
Die deutschen Bedeutungen der Fremdwörter mit „ph" werden auf kleine Zettel geschrieben, zusammengefaltet und in einen Hut oder eine Büchse gelegt.
Standardspielregel:
Es wird immer ein Zettel gezogen und das Fremdwort dazu genannt und geschrieben. Dafür gibt es je zwei Punkte. Gewinner ist natürlich der, der die höchste Punktzahl erreicht.
Das Spiel kann in verschiedenen Variationen zu zweit, aber auch zu mehreren oder in Gruppen (wo sich die Mitspieler gegenseitig helfen dürfen) gespielt werden.
Spaß machen auch „Ereigniskarten", die die Schüler sich selbstständig ausdenken und auf Zettel schreiben. Hierbei können Aufgaben erfüllt werden müssen wie Witze erzählen, Gedicht aufsagen, Buch auf dem Kopf balancieren, ein langes Wort rückwärts buchstabieren, Kopfrechenaufgaben lösen o.Ä.

---

3. Wortverwandte
- Wird ein Wort mit ph geschrieben, so gilt das auch für seine Ableitungen.
- Suche jeweils mindestens einen Wortverwandten zu den ph-Wörtern.

Mögliche Lösungen:

Physik:	physikalisch, Physiker	Phosphor:	phosphoreszieren, Phosphorsäure
Philosophie:	philosophisch, Philosoph	Pharao:	pharaonisch
Philologie:	philologisch, Philologe	Asphalt:	asphaltieren
Pharmazie:	pharmazeutisch, Pharmazeut	Katastrophe:	katastrophal
Phobie:	phobisch, Klaustrophobie	Atmosphäre:	atmosphärisch
Phase:	phasenweise	Morphium:	morphiumsüchtig
Phrase:	phrasenhaft, Phrasendrescher	Prophet:	prophezeien, Prophezeiung
Phänomen:	phänomenal	Metapher:	Metaphorik
Phlegma:	phlegmatisch, Phlegmatiker	Trophäe:	Jagdtrophäe
Physis:	physisch	Alphabet:	alphabetisch, alphabetisieren
Phantom:	Phantombild, Phantomschmerz		

f-v-w-ph: Wiederholung aller Regeln im Diktat

Diktat

Lesen Sie jeden Satz zuerst am Stück vor und ein zweites Mal in zwei bis drei kleineren Abschnitten. Artikulieren Sie in der gewohnten Alltagssprache. Lassen Sie den Schülern Zeit zum Rekapitulieren der Regeln. Besprechen Sie nach Abschluss des Diktats jeden Fehler gemeinsam und konzentrieren Sie sich dabei auf Fehlschreibungen von v-f-w-ph. Weiter unten finden Sie eine Übersicht, in der zu jedem unterstrichenen Wort die entsprechende Regel aufgelistet ist.

Diktat:

1.) Der Vogt war früher ein Verwalter von Ländereien.
2.) Das Volk fiebert der Wahl entgegen.
3.) Ist es nicht naiv, in virtuellen Welten wahre Freunde finden zu wollen?
4.) Viele Veganer finden massiven Fleischkonsum pervers.
5.) Physiker wissen intuitiv um das Phänomen von Vokalen.
6.) Der Philosoph sah in einer Revolution die einzige Alternative.
7.) Das Kind wartet brav auf seine Mutter.

Testwort	***Kategorie***
früher fiebert Freunde finden Fleischkonsum	/f/ geschrieben „f“ bei deutschen Wörtern
Wahl Welten wahre wollen wissen wartet	/w/ geschrieben „w“ bei deutschen Wörtern
Vogt Verwalter von Volk viele	/f/ geschrieben „v“ bei deutschen Wörtern am Wortanfang: Merkwörter mit „v“
naiv massiven intuitiv brav	/f/ geschrieben „v“ bei Fremdwörtern am Wortende (Merkwörter)
virtuellen Veganer Vokalen	/w/ geschrieben „v“ bei Fremdwörtern am Wortanfang
pervers Revolution Alternative	/w/ geschrieben „v“ bei Fremdwörtern in der Wortmitte
Physiker Phänomen Philosoph	/f/ geschrieben „ph“ bei Fremdwörtern (Merkwörter)

f-v-w-ph: Informeller Abschlusstest

Hinweis für den Lehrenden:
Es sind 54 Punkte möglich. Wenn weniger als 53 erreicht wurden, sollte auf die Fehlerart geachtet und die diesbezüglichen Regeln kurz wiederholt oder Erklärungen dazu gegeben werden.
Bei weniger als 50 Punkten müssten betreffende oder ähnliche Übungen noch einmal bearbeitet werden.
Bei weniger als 47 Punkten gilt es zu klären, ob zu schnell vorgegangen wurde oder was sonst der Grund für die niedrige Punktzahl sein könnte. Wenn der Schüler von der Vielzahl der Schreibungen verwirrt wurde, wäre es wichtig, noch einmal die einzelnen Regeln automatisieren zu lassen, bevor der nächste Schritt gegangen wird.

Der Text kann zum Anlass genommen werden, eine Diskussion über Gewalt in der Schule zu führen oder einen Aufsatz über Außenseiter schreiben zu lassen.
Eventuelle Fragen:
- Kennst du in deiner Klasse Außenseiter?
- Was denkst du über sie/ihn?
- Was würdest du an Hendriks Stelle tun?

Hier kannst du zeigen, ob du alles verstanden hast.

Hendrik
Kaum hatte er sein Zimmer betreten und den Rucksack in die Ecke ge**w**orfen, drehte Hendrik die Musik auf. Klarer **F**all: Er hasste die Schule. Nicht nur wegen seiner Lehrer, sondern **v**or allem wegen seiner Mitschüler. War das sein **F**ehler? War er einfach der geborene **V**erlierer? Alles hatte ange**f**angen, als er in die neue Klasse kam. Kaum hatte er sich im **Ph**ysikraum neben Valerie gesetzt, rümpfte diese die Nase und rutschte von ihm **w**eg. Was sollte er machen? Er war nun einmal blass, pickelig und ständig übernächtigt.
In der Pause auf dem Schulho**f** ging das Getuschel los und verstummte erst, als er in die Nähe kam. Dann ging Jens auf ihn zu, der als Cliquenführer das „Pri**v**ileg“ hatte, andere dissen zu dür**f**en. „Dich haben sie wohl aus dem **F**riedho**f** ausgegraben?“, höhnte er und sah sich bei**f**allheischend um. Die anderen **f**anden das offenbar **w**ahnsinnig **w**itzig und grölten los. Hendrik aber **w**usste leider nichts darau**f** zu erwidern. Er **w**irkte ja tatsächlich nicht sehr kommunikati**v** und **v**ital. Also blickte er nur **f**inster **v**or sich hin und **w**artete auf das Ende der Pause.
Von nun an gab jeden Tag neue Sprüche, die bald jedes Ni**v**eau verloren. „Blöde **Ph**rasendrescher“, dachte Hendrik, aber er ergriff trotz allem immer wieder die Initiati**v**e und **v**ersuchte, statt depressi**v** zu werden, Kontakte zu knüpfen. Ohne Er**f**olg! Jens klaute ihm sein Käppi und nahm es als Tro**ph**äe mit. Peter **v**ersteckte seine Schultasche in der Mädchentoilette. Klaus klebte ihm heimlich einen Zettel auf den Rücken, auf dem stand: „Hier ist hinten.“ Mit diesem **f**reundlichen Hinweis war er dann am Nachmittag ahnungslos durch die Stadt gelau**f**en.
Aber das alles konnte Hendrik noch irgendwie **v**erkraften. Die wahre Katastro**ph**e trat jedoch an Karne**v**al ein. Viele waren betrunken und **v**erloren sich in Späßen über Hendrik. Weil ihm das alles massi**v** auf den Ner**v** und an die Nieren ging, **f**ing er an sich mit den **F**äusten zu **w**ehren. Es endete damit, dass Jens und Klaus ihn be**w**usstlos schlugen, sein Gesicht auf den As**ph**alt drückten und ihn anschließend in den Müllcontainer hievten, als ob er nichts **w**ert **w**äre. Wie er**w**artet, kam niemand zur Hilfe. Und heute war das **V**ideo davon der Renner in der Schule. Jens hatte einen doo**f**en **V**ers dazu getextet, den er selbst natürlich **ph**att fand.
Jetzt reichte es Hendrik. Er hatte keine Lust mehr, das **V**entil für diese **W**iderlinge zu sein…

Gleichklingende Buchstabengruppen
Übungen zum x-Laut

Name:

x-Laut: Problemerkennung (Unterschied zwischen Hören und Schreiben)

1. Lies die Wörter in der Tabelle laut.
- Was hört sich bei allen gleich an? Unterstreiche.
- Welche Laute *hörst* du? Versuche diese Laute mit Buchstaben darzustellen.
- Wie werden diese Laute verschriftet?
- Ergänze die Tabelle wie im Beispiel.

Wörter	hören	schreiben
Hexe	ks	x
Lexikon		
Achse		
Klecks		
links		
unterwegs		

2. Versuche aufgrund deiner Erkenntnisse den Merksatz zu ergänzen.

Die Lautverbindung _____ kann auf ____ verschiedene Arten geschrieben werden, nämlich ____, _____, _____, ____ oder ____.

3. Wie kannst du nun wissen, wie du schreiben musst?
Folgende Regeln helfen dir weiter:

Regel 1:

Alle Wörter, die mit „**x**“ oder „**chs**“ geschrieben werden, sind Merkwörter.
Du musst sie auswendig lernen und regelmäßig üben.

Regel 2:

Die Schreibung der Wörter mit den Buchstabenfolgen „**cks**“, „**ks**“ und „**gs**“ kann man mithilfe ihrer Ableitungen herausfinden.

Name:

x-Wörter lernen

Die Buchstabenschlange besteht aus lauter Merkwörtern mit x.
- Trenne die Wörter mit einem Strich.
- Schreibe sie ab und versuche sie in die richtigen Spalten einzuordnen.
- Präge dir alle x-Wörter gut ein.

HEXE/AXTNIXEBOXENMIXENEXTRATEXTLEXIKONPRAXISEXTREM
FAXEXPORTEXAMENFIXTAXIBOXLUXUSSEXKONVEXVERFLIXT
JUXKRAXELNFEIXENAUSBÜXENFAXEN

Deutsche Wörter	Fremdwörter	Dialektwörter
X		
		X

Name:

x-Wörter wiederholen

1. Suche für jedes x-Wort einen Wortverwandten oder ein Kompositum.

Grundwort	Ableitung/Kompositum
die Hexe	die Hexerei, verhext, das Hexenhaus
die Axt	
der Boxer	
die Praxis	
der Mixer	
das Fax	
der Sex	
der Luxus	
das Taxi	
die Box	

2. Bilde jetzt mit jeweils einem Wortverwandten einen ganzen Satz. Schreibe die Sätze in dein Heft.

Name:

Vorsilbe ex-

Exkanzler, Export

Die Vorsilbe **„ex-"** wird immer gleich geschrieben.

Suche dir für diese Übung einen Partner.

1. Aus welcher Sprache stammt die heutige Vorsilbe „ex-"?

____

2. Überlegt anhand der beiden Wörter im Kasten, was sie bedeuten kann.

____

3. Jeder nimmt jetzt Stift und Zettel zur Hand und versucht, so viele Wörter mit „ex-" wie möglich zu finden. Überlegt, bis einer von euch „Stopp!" sagt.

4. Nun braucht ihr einen Duden – oder noch besser: ein Lexikon.

- Schaut dort die Wörter mit „ex-" an und sucht nach 5 Wörtern, die ihr noch nicht kanntet.
- Schreibt sie zusammen mit ihrer Bedeutung auf:

______________________________ ______________________________

______________________________ ______________________________

____

5. Zusatzaufgabe

- Kennt ihr ein Verb aus der Umgangssprache, das mit „ex-" gebildet wird?

____

Name:

x-Wörter vertiefen

1. Errätst du, welche Wörter mit „x" gemeint sind? Schreibe sie auf.

die ____________

das ____________

der ____________

die ____________

das ____________

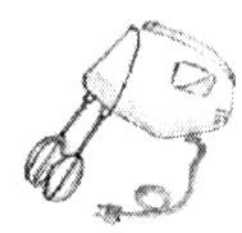
der ____________

2. Um welche Wörter mit x handelt es sich hier?

F
X
I
____

X
B
O
____

E
T
X T
____

A
F
X
____

X A
T R
E
____

S U
U X
L
____

3. Welche Wörter mit x passen in die Lücken?

Eine nach außen gewölbte Fläche ist ______________.

Das ______________ hat er nicht bestanden.

Kann man heutzutage einen PC für jeden Haushalt noch als ____________ bezeichnen?

An der brüchigen Eiger Nordwand zu ______________ ist __________ gefährlich.

Philosophisch gesehen bildet die ______________ den Gegenpart zur Theorie.

Name:

x-Wörter im Kreuzworträtsel

Schaffst du es, dieses Kreuzworträtsel vollständig zu lösen?

	waagerecht		senkrecht
2	… und zugenäht!	1	Karinas Ratte ist weg. Sie ist einfach….
3	Gemeinsam … sie jetzt den Berg hoch.	4	Schlage ein unbekanntes Wort im … nach.
8	Endlich hat er sein … bestanden.	5	In der Theorie funktioniert das, die … sieht oft anders aus.
9	Das Beste an seiner Musikanlage waren die ….	6	Das Gerät im Büro piepst. Da ist ein … angekommen.
11	Er braucht immer eine …-Einladung, bevor er mit der Arbeit beginnt.	7	Er … und weidete sich an ihrem Missgeschick.
12	Er zappelte den ganzen Tag und machte ….	10	Ein elektrischer … gehört in jede Küche.
14	Nach der Disco fuhren sie mit dem … heim.	13	Im Mittelalter wurden … verbrannt.
16	Sie war eine …, halb Fisch, halb Mensch.	15	Würdest du gerne einen … über Kohlenstoff lesen?
18	Heute wird es … heiß.	17	Jetzt bin ich ... und fertig.
20	Du machst dir wohl einen … daraus, mich zu ärgern!?	19	Import und … sind wichtig für die Wirtschaft.
21	Er nahm die … und fällte damit einen Baum.	22	Eine Jungfrau hatte noch nie …
23	Der Spiegel ist …. Man sieht darin klein und dick aus.		

Name:

chs-Wörter lernen

der Fu**chs**, der O**chs**e, das Wa**chs**, wa**chs**en, die E**chs**e, der Lu**chs**, der La**chs**, der Da**chs**, we**chs**eln, die Bü**chs**e, die A**chs**el, die A**chs**e, se**chs**, die Dei**chs**el

1. Schau dir im Kasten die Merkwörter mit „chs“ an. Was fällt dir auf? Ergänze.

Alle __________, bei denen du /**ks**/ hörst, werden mit _____ geschrieben.
Das gilt auch für eine spezielle Echse, die man in Deutschland findet,
nämlich für die ___________________.

2. Wortverwandte finden.

- Suche für jedes Wort, das *nicht* unter den Merksatz aus Aufgabe 1 fällt, einen Wortverwandten und schreibe diesen auf.
- Wenn du keinen findest, dann schreibe einen Satz, in dem das Wort vorkommt.

chs-Wort	Wortverwandter / kurzer Satz

Zusatzaufgabe für Freiwillige:

- Wenn du ein Meister der chs-Wörter werden willst, merke dir noch diese drei:

die Wei**chs**el (osteuropäischer Fluss)

die Wei**chs**elkirsche (Sauerkirsche)

die (Schuh-) Wi**chs**e

Name:

chs-Wörter wiederholen

1. Versuche einen Text zu schreiben, in dem diese chs-Wörter vorkommen.
– Falls dir das nicht gelingt, bildest du mit jedem Wort einen Satz.

der Fu**chs**, der O**chs**e, der Lu**chs**, der Da**chs**,
der La**chs**, die A**chs**el, die Dei**chs**el

____
____
____
____
____
____
____

2. Hier findest du abgeleitete Wörter mit „chs".
– Suche die Grundwörter bzw. die Teilwörter mit „chs".
– Fülle anschließend die Lücken.

ein Erwa____ener: ____________________

etwas dei____eln: ____________________

se____fach verflucht: ____________________

we____elhaftes Wetter: ____________________

die Fischbü____e: ____________________

der A____enbruch: ____________________

wä____ern: ____________________

ein Horno____e: ____________________

Name:

chs-Wörter vertiefen

1. Hier werden chs-Wörter gesucht, die du aus den vorherigen Übungen kennst.

Warum ist die Banane krumm? Weil sie krumm ____________________ ist!

Der _____________ ist ein Raubtier aus der Familie der Marder.

Das Chamäleon gehört zur Gattung der ______________.

Ein Deo hilft gegen _______________schweiß.

Sie fasste den Bollerwagen an der _________________.

Nach der Ampel ________________ sie die Spur.

Die ________________ ist gebrochen.

Die Vorhänge waren ________________farben.

________________schwanzsuppe ist lecker.

Bienenwaben bestehen aus _____________.

Zum Abendessen gibt's eine ______________ grüne Bohnen.

2. Hier geht es um selten gebrauchte Wörter.

Die _______________ ist ein osteuropäischer Fluss.

Wer glänzen will, benutzt Schuh_____________.

3. Diese Wörter mit „chs" sind leicht zu erraten:

6

Name:

chs-Wörter im Spiel

Spiel: Scharade mit chs-Wörtern

Regeln:

- Suche dir für diese Übung einen oder mehrere Partner.
- Schneidet die Kärtchen aus, mischt sie und bildet einen verdeckten Stapel.
- Reihum zieht jeder von euch eine Karte. Jetzt gibt es drei Möglichkeiten:
  - Er umschreibt den Begriff mit Worten.
  - Er zeichnet den Begriff.
  - Er stellt den Begriff pantomimisch dar.
- Der andere (oder der rechts daneben Sitzende) versucht, den Begriff zu erraten. Gelingt ihm dies, schreibt er das Wort auf.
- Für jedes richtig geschriebene Wort gibt es einen Punkt.
- Das Spiel ist zu Ende, wenn der Kartenstapel aufgebraucht ist.
- Wer die meisten Punkte hat, ist der Gewinner.

der **Fuchs**	der **Ochse**	das **Wachs**
wachsen	die **Echse**	**sechs**
wechseln	der **Luchs**	der **Dachs**
der **Lachs**	die **Büchse**	die **Achsel**
die **Achsel**	die **Deichsel**	die **Weichsel**

Name:

cks-Wörter: Ableitungsprinzip erkennen

Merke:
„cks" gibt es nur in Wörtern, die **Wortverwandte** mit **„ck"** haben:
du ha**cks**t → ha**ck**en
In all diesen Wörtern ist der betonte Vokal **kurz**.

Damit du das „verwandte Wort" schnell findest, kannst du dir im Kopf folgenden Spruch merken:

„... kommt von ..."

Wort mit cks:	„innere Stimme"	Wortverwandter:
Kni**cks**	...kommt von...	knicken
Kle**cks**		
du pi**cks**t		
du we**cks**t		
Glü**cks**pilz		
Bo**cks**horn		
zwe**cks**		
hinterrü**cks**		
Geschma**cks**sache		
eindru**cks**voll		
du ti**cks**t		
du schlu**cks**t		
der Kna**cks**		

Name:

ks-Wörter: Ableitungsprinzip erkennen

1. Lies den Text durch.

Verschlafen

Lars hat heute mächtig verschlafen. Viel zu spät kommt er in der Schule an. Als er im Gang nach lin___ abbiegt, trifft er Maria, die gerade Kreide holen geht.

„Meine Güte, du schwan___t ja richtig, was ist denn bloß los?", flüstert sie erschrocken.

Als der schla___ige Lars den Klassenraum betritt, zieht Herr Grünewald die Augenbrauen hoch.

„Setz dich hin und nimm dir einen Ke___ zur Stärkung", sagt er mit sarkastischem Unterton.

Bald darauf fallen Lars die Augen zu.

„Lars, du sin___t in dich zusammen wie ein angestochener Reifen, mer___t du das nicht?", rügt der Lehrer.

Lars hört nichts, bis Maria ihn pi___t.

2. Fülle die Lücken im Text.

Tipp: In jede Lücke kommt das Gleiche, nämlich ____.

3. Wörter mit *ks* kannst du von Wörtern ableiten, die mit *k* geschrieben werden.

- Suche zu jedem Lückenwort einen Verwandten, z.B.: du wir**kst** → wir**k**en
- Bei welchen Wörtern gelingt die Ableitung nicht? Präge sie dir als Merkwörter ein.

______________ → ______________ ______________ → ______________

______________ → ______________ ______________ → ______________

______________ → ______________

Merkwörter: __________________ __________________

4. Auch das Wort *Koks* kannst du ableiten.

- Finde heraus, was Koks eigentlich ist und bei welchen Wortverwandten man das **k** hört.

5. Freiwillige Zusatzaufgabe:

Was ist bloß mit Lars passiert?

Beantworte die Frage in einem Rollenspiel. Suche dir einen Mitspieler und zeige ihm den Text. Einer übernimmt die Rolle von Lars, der andere spielt Herrn Grünewald, der nach der Stunde ein ernstes Gespräch mit Lars führt.

Name:

gs-Wörter: Ableitungsprinzip erkennen

1. Lies den Text durch.

The Trap

Am Abend war Lars wieder halbwe___ fit. Das war allerdin___ auch gut so, denn regelmäßig donnersta___ traf sich die Schülerband und er spielte dort den Bass. Die Band nannte sich „The Trap" und coverte am liebsten Songs aus den Siebzigern: von den Rolling Stones, Jimi Hendrix und vor allem von Led Zeppelin.

Flu___ eilte Lars in den Proberaum, den man über den Fahrradkeller an der Rückseite des Schulgebäudes erreichen konnte. Kira und die anderen waren schon da und warteten.

„Kannst du nicht weni___tens einmal pünktlich sein? Um zehn kommt der Hausmeister", murrte die Sängerin. Das Publikum bestand aus Ayse und Timo. Beide hörten mit leuchtenden Augen zu, als die Band loslegte.

Ta___ darauf rannte Timo zum Fahrradkeller, denn er hatte es sehr eilig. Beinahe hätte er dabei blindlin___ Kira umgerannt. Sie schaute auf und lächelte, als Timo sich entschuldigte.

„Sag mal, willst du nicht bei unserer Band mitmachen?", fragte sie.

„Wieso ich?", fragte Timo, der schon An___t hatte, er könnte sich verhört haben.

„Ich habe von Ayse gehört, dass du echt gut sin___t. Da ich bald die Schule verlasse, bin ich die län___te Zeit Sängerin gewesen und wir brauchen dringend Nachwu___. Wir proben nach Pfin___ten wieder. Bist du dabei?"

2. Fülle die Lücken im Text.

Tipp: Fast in jede Lücke kommt das Gleiche, nämlich ____.

Nur an einer Stelle musst du aufpassen, nämlich bei dem Wort ________________.

3. Wörter mit *gs* kannst du von Wörtern ableiten, die mit *g* geschrieben werden.

- Suche zu jedem Lückenwort einen Verwandten, z.B.: du le**gs**t → le**g**en
- Bei welchen Wörtern gelingt die Ableitung nicht? Präge sie dir als Merkwörter ein.

______________	→	______________	______________	→	______________
______________	→	______________	______________	→	______________
______________	→	______________	______________	→	______________
______________	→	______________	______________	→	______________

Merkwörter: __________________ __________________ __________________

Name:

x und chs: Wiederholung der Merkwörter

Wiederholung: Erinnerst du dich an die Merkwörter mit x und chs?

1. Ergänze hier den Wortteil, der mit x geschrieben wird.

- Tipp: Es kann helfen, wenn du zuerst alle x-Wörter aufschreibst, an die du dich erinnerst.

____________gerät	Musik____________	____________dampfer
Hand____________	____________gebühr	____________sport
____________ware	Bade____________	Staats____________
Tier____________	Lücken____________	____________wurst

2. In diesem Rätsel werden chs-Wörter gesucht. Ergänze.

lernserver Individuelle Förderung

Name:

x-Laut: Lückentext mit allen Schreibweisen

Du hast gelernt, dass man den Laut /**ks**/ auf **5** verschiedene Arten schreiben kann.
- Die Wörter mit **x** und **chs** hast du dir **auswendig** gemerkt.
- Die Wörter mit **cks**, **ks**, und **gs** kannst du **ableiten**.

Fülle die Lücken mit den richtigen Schreibweisen für den /ks/-Laut.

Hallo Fred,

das war ja nicht sehr eindru_____voll, was du dir da auf meiner Geburtsta_____party geleistet hast! Manchmal frage ich mich, ob du noch richtig ti_____t, verfli_____t noch eins! Ohne mir zu gratulieren oder die anderen Gäste zu begrüßen, kommst du des We_____, gehst schnurstra_____ zu den Mi____getränken und schüttest dich sinnlos zu, indem du alles auf e____ trin___t.

Danach le____t du dich einfach auf den Boden, frisst sämtliche Ke____e auf und verteilst Kerzenwa_____ auf meinem Teppich! Ein Glü_____fall, dass du anschließend weni_____tens keinen Mu_____ mehr von dir gegeben hast. Dafür waren ja dann deine Freunde zuständig, se_____ Leute, die ich nicht mal eingeladen hatte. Die sind mit ihrem Krie____geheul und ihren dummen Witzen über Se____ wirklich allen Leuten auf die Nerven gegangen. Und als ich dir dann sage, dass jeder von ihnen heimlich ein Sixpack mitgebracht hat, zu____t du nur mit den Schultern und pi_____t dir frech die ganzen Früchte aus der Bowle.

Und überhaupt: Wer ist eigentlich dieser Lars? Probiert an Andreas seine Sammlung an Schimpfwörtern aus, wobei „O____e" noch das liebenswürdi_____te war, und pi____t ihn anschließend mit einer Cocktailgabel in den Hintern. Mer____t du gar nicht, wie unmöglich das alles war? Fra____t du dich nicht manchmal, wie dein Verhalten bei anderen ankommt? Hast du dich e____tra so daneben benommen? Du entschuldi____t bitte, aber für mich ist es kein Kla____, wenn du und deine Freunde mir mein Geburtsta____fest ruinieren! Wenn du meinst, dass du dir bei mir solchen Lu____us leisten kannst, dann will ich nichts mehr mit dir zu tun haben! Auf jeden Fall hat meine Freundschaft zu dir einen richtigen Kna____ bekommen. Zwe____ Entschuldigung musst du schon über dich hinauswa____en und dir etwas Besonderes einfallen lassen! Sonst lasse ich dich in Zukunft lin____ liegen und we____ele kein Wort mehr mit dir!

Antonia

Name:

x-Laut: Informeller Abschlusstest (Seite 1)

Hier kannst du zeigen, ob du alles Wichtige über den x-Laut weißt. Kontrolliere deine Ergebnisse mit den Lösungen und zähle die Punkte.

1. **Der x-Laut kann auf fünf Weisen verschriftet werden. Welche sind das?**
   (1 Punkt insgesamt, wenn alles richtig ist.)

   _____ _____ _____ _____ _____

2. **Finde für jede dieser Schreibungen ein Beispielwort.**
   (1 Punkt insgesamt, wenn alles richtig ist. Lass diese Aufgabe von deinem Lehrer kontrollieren.)

   ____________________ ____________________ ____________________

   ____________________ ____________________

3. **Bei zwei dieser Schreibungen hilft es nicht, nach Ableitungen zu suchen. Welche sind das?**
   (1 Punkt insgesamt, wenn alles richtig ist.)

   _____ _____

4. **Gib jetzt für die übrigen Schreibungen jeweils ein Beispiel, wie man die korrekte Schreibung aus einem verwandten Wort ableiten kann:**
   (1 Punkt insgesamt, wenn alles richtig ist. Lass diese Aufgabe von deinem Lehrer kontrollieren.)

   ____________________ → ____________________

   ____________________ → ____________________

   ____________________ → ____________________

5. **Wie wird bei allen deutschen Tiernamen der x-Laut geschrieben?**
   (1 Punkt insgesamt, wenn alles richtig ist.)

   _____

Name:

x-Laut: Informeller Abschlusstest (Seite 2)

6. Fülle die Lücken mit den richtigen Schreibungen für den x-Laut.
(1 Punkt pro Lücke)

Unterwe___ mit den Patenkindern

Katja und Ulf haben eine Patenschaft für die jüngeren Schüler übernommen.

Kurz vor Pfin___ten unternahmen sie mit ihnen eine E___kursion ins Naturkundemuseum.

Lärmend strömte die Schülerschar durch die Dauerausstellung, vorbei an ausgestopften Tieren: Ein Wolf, ein Da___, ein Lu___, ein Fu___, einige E___en, viele Vögel und sogar ein ganzer O___e. Vor dem blieb Jannick stehen und verglich das große Vieh mit der Abbildung in seinem Tierle___ikon. Der erläuternde Te___t dazu war etwas länger, und als er nach ein paar Minuten wieder aufschaute, waren die anderen fort. Er begann hektisch nach ihnen zu suchen und lief wahllos rechts und lin___ in verschiedene Gänge hinein.

Derweil waren Katja und Ulf mit ihren übrigen Patenkindern schon in der Steinzeitausstellung. Ulf erklärte etwas über prähistorische Werkzeuge und Mohammed betrachtete fasziniert eine A___t, die hier ausgestellt war. Als er zwe___ näherer Betrachtung über die Absperrung kra___eln wollte, rief Ulf: „Halt! Was he___t du denn jetzt aus? Du stei___t hier nicht über das Gitter!" Mohammeds Antwort war ein unwilliges Murren, und so fügte Ulf noch hinzu: „Und du zi___t jetzt bitte nicht rum, okay? Wir gehen sowieso gleich weiter."

Bald darauf versammelten sich alle in der Nähe des Museumskios___. Katja zählte die Kinder ab und stockte. „Warum gu___t du mich so erschrocken an?", fragte Ulf. „Jannick fehlt", rief Katja und wollte schon lossprinten. „Nein, warte", antwortete Ulf, um Ruhe bemüht, „du ho___t dich mit den Kindern hierher und bestellst für alle Ke___e und Limonade. Ich suche nach unserem Abtrünnigen!"

Jannick hatte sich unterdessen im Neubau verlaufen. Dort war er mit se___ Handwerkern ins Gespräch gekommen, die gerade Frühstü___pause machten und ihm von ihrem Bü___enfleisch und ihren Getränken etwas abgaben. Jannick hatte es sich auf einem Farbeimer gemütlich gemacht und dachte gar nicht daran, dass seine Betreuer An___t um ihn haben könnten. Als Ulf ihn endlich fand und in aller Ruhe plaudern sah, we___elte seine Besorgnis schlagartig in Zorn um. „Was den___t du dir eigentlich, Jannick?", rief er laut. „Trin___t und isst hier seelenruhig, während ich mir die Hacken nach dir ablaufe! Jetzt aber fi___ zurück zu den anderen!" Jannick verabschiedete sich von den netten Handwerkern und trottete schuldbewusst hinter Ulf her. „Dass ich dich nicht für deine gleichgültige Unbesonnenheit bestrafe, verdan___t du meiner außergewöhnlichen Großzügigkeit", brummte Ulf, aber Jannick sah, dass er dabei ein bisschen grinsen musste.

Gleichklingende Buchstabengruppen Lösungen zum x-Laut

x-Laut: Problemerkennung (Unterschied zwischen Hören und Schreiben)

Hinweis für den Lehrenden:
Sowohl **x** als auch **chs**, **cks**, **ks** und **gs** repräsentieren die Lautverbindung **/ks/**. Wann man welche Buchstabenverbindung schreiben muss, ist in drei Fällen ableitbar:

- **cks** kommt nur in Wörtern vor, die von Wörtern mit „ck" abgeleitet sind (Klecks → kleckern). In allen Wörtern mit cks ist der betonte Vokal *kurz*.
- **ks** kommt nur in Wörtern vor, die von Wörtern, die mit „k" geschrieben werden, abgeleitet sind (du merkst → merken). ks folgt entweder einem *langen* Vokal oder einem Konsonanten. Nicht ableitbare Wörter mit ks: Keks (cake) und schlaksig.
- **gs** kommt nur in Wörtern vor, die von einem Wort mit „g" abgeleitet sind (du legst → legen). Nicht abgeleitet werden können: Angst, Hengst, Pfingsten.

Wörter mit **x** und **chs** können *nicht* abgeleitet werden und müssen *auswendig* gelernt werden. Dazu gibt es Merkwortlisten und vielfältige Übungsmöglichkeiten. Es steht der Lehrkraft natürlich frei (und ist vom jeweiligen Schüler abhängig), wie lange an den einzelnen Buchstabenverbindungen gearbeitet werden muss, bis sie richtig im Gedächtnis verankert sind. Um keine unnötige Verwirrung zu stiften, sollten Pausen zwischen den Schreibweisen x und chs eingelegt werden, weil diese nur über das Gedächtnis abrufbar sind. Die anderen Schreibungen, also cks, ks und gs, sind von Wortverwandten ableitbar. Die Entscheidung, welche Schreibung richtig ist, ist deshalb eine *kognitive*, so dass keine Ähnlichkeitshemmung befürchtet werden muss.

---

1. Lies die Wörter in der Tabelle laut.
- Was hört sich bei allen gleich an? Unterstreiche.
- Welche Laute *hörst* du? Versuche diese Laute mit Buchstaben darzustellen.
- Wie werden diese Laute verschriftet?
- Ergänze die Tabelle wie im Beispiel.

Wörter	hören	schreiben
He<u>x</u>e	ks	x
Lexikon	ks	x
Achse	ks	chs
Klecks	ks	cks
links	ks	ks
unterwegs	ks	gs

2. Versuche aufgrund deiner Erkenntnisse den Merksatz zu ergänzen.

Die Lautverbindung **/ks/** kann auf **<u>5</u>** verschiedene Arten geschrieben werden, nämlich **<u>x</u>**, **<u>chs</u>**, **<u>cks</u>**, **<u>ks</u>** oder **<u>gs</u>**.

x-Wörter lernen

1. Die Buchstabenschlange besteht aus lauter Merkwörtern mit x.
- Trenne die Wörter mit einem Strich.
- Schreibe sie ab und versuche sie in die richtigen Spalten einzuordnen.
- Präge dir alle x-Wörter gut ein.

HEXE AXT NIXE BOXEN MIXEN EXTRA TEXT LEXIKON PRAXIS EXTREM
FAX EXPORT EXAMEN FIX TAXI BOX LUXUS SEX KONVEX VERFLIXT
JUX KRAXELN FEIXEN AUSBÜXEN FAXEN

Deutsche Wörter	Fremdwörter	Dialektwörter
Hexe	boxen	verflixt
Axt	mixen	Jux
Nixe	extra	kraxeln
	Text	feixen
	Lexikon	ausbüxen
	Praxis	Faxen (machen)
	extrem	
	Fax	
	Export	
	Examen	
	fix	
	Taxi	
	Box	
	Luxus	
	Sex	
	konvex	

x-Wörter wiederholen

Hinweis für den Lehrenden:
Durch das Suchen und Finden von Wortverwandten werden Zusammenhänge offenbart, die die Schreibung erleichtern. Zudem wird der Wortschatz erweitert und die Wörterbucharbeit geübt. In dieser Übung ist die Hauptintention allerdings die Festigung der auswendig gemerkten x-Wörter.

---

1. Suche für jedes x-Wort einen Wortverwandten oder ein Kompositum.

Mögliche Lösungen:

Grundwort:	**Ableitung/Kompositum**
die Hexe	die Hexerei, verhext, das Hexenhaus
die Axt	die Äxte, der Axthieb
der Boxer	boxen, die Boxhandschuhe, der Boxring
die Praxis	die Praxen, die Arztpraxis
der Mixer	mixen, gemixt, das Mixgetränk
das Fax	die Faxe, faxen (mit dem Begriff „Faxen machen“ hat das nichts zu tun)
der Sex	sexuell, die Sexualität, die Sexualaufklärung, der Sexualkundeunterricht
der Luxus	luxuriös, die Luxusjacht, das Luxusgeschöpf
das Taxi	die Taxen, das Taxameter, der Taxifahrer, die Taxifahrerin
die Box	die Boxen, die Musikbox

Vorsilbe ex-

Hinweis für den Lehrenden:
Da ex- relativ häufig in Fremdwörtern vorkommt und man sich unbekannte Wörter leichter herleiten kann, wenn man um die Bedeutung dieser Vorsilbe weiß, wurde an dieser Stelle eine kleine Übung dazwischengeschaltet.

Suche dir für diese Übung einen Partner.

1. Aus welcher Sprache stammt die heutige Vorsilbe „ex-"?

Die Vorsilbe **„ex-"** stammt aus dem Lateinischen.

2. Überlegt anhand der beiden Wörter im Kasten, was sie bedeuten kann.

Exkanzler bedeutet: **ehemaliger** Kanzler   Export bedeutet: **Aus**fuhr

5. Zusatzaufgabe
- Kennt ihr ein Verb aus der Umgangssprache, das mit „ex-" gebildet wird?

„exen" hat zwei Bedeutungen: 1. Von der Schule weisen 2. Das Glas in einem Zug leeren

x-Wörter vertiefen

Hinweis für den Lehrenden:
Auch diese Übung dient dazu, die Wörter mit x im Gedächtnis zu speichern.
Bei größeren Merkschwierigkeiten können die x-Merkwörter auch auf kleine Zettel, die in eine leere Streichholzschachtel passen, geschrieben werden. Die Schachtel kann man überall mit hinnehmen und die Wörter im Bus oder beim Warten an der Straßenbahnhaltestelle wiederholen.

---

1. Errätst du, welche Wörter mit „x" gemeint sind? Schreibe sie auf.

die Ni**x**e

das Ta**x**i

der Bo**x**er

die A**x**t

das Le**x**ikon

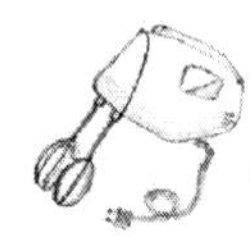
der Mi**x**er

2. Um welche Wörter mit x handelt es sich hier?

F / X / I	**fix**
X / B / O	**Box**
E / T / X T	**Text**
A / F / X	**Fax**
X A / T R / E	**extra**
S U / U X / L	**Luxus**

3. Welche Wörter mit x passen in die Lücken?

Eine nach außen gewölbte Fläche ist **konvex**.

Das **Examen** hat er nicht bestanden.

Kann man heutzutage einen PC für jeden Haushalt noch als **Luxus** bezeichnen?

An der brüchigen Eiger Nordwand zu **kraxeln** ist **extrem** gefährlich.

Philosophisch gesehen bildet die **Praxis** den Gegenpart zur Theorie.

x-Wörter im Kreuzworträtsel

Hinweis für den Lehrenden:
Bei größeren Merkschwierigkeiten sollten die Wörter des gelösten Rätsels noch einmal extra aufgeschrieben werden.

Schaffst du es, dieses Kreuzworträtsel vollständig zu lösen?

			19					17		15				
			E					F		T		13		
20	J	U	X			16	N	I	X	E		H		
			P					X		X		E		
	23	K	O	N	V	E	X		14	T	A	X	I	
			R					1				E		
21	A	X	T		3	K	R	A	X	E	L	N	5	
								U					P	
		10						S	11	E	X	T	R	A
		M			7			G			4		A	
		I			F	2	V	E	R	F	L	I	X	T
8	E	X	A	M	E	N		B			E		I	
		E			I			U			X		S	
		R	6/18	E	X	T	R	E	M		I		22	
			F		T			X			K		S	
	12	F	A	X	E	N		T	9	B	O	X	E	N
			X								N		X	

chs-Wörter lernen

Hinweis für den Lehrenden:
Die Wörter mit chs dürfen erst durchgenommen werden, wenn die Wörter mit x ausreichend im Gedächtnis gespeichert sind und dazwischen eine kleine Pause, am besten mit einem anderen, nicht zu umfangreichen Thema, eingelegt wurde. Nach dieser Pause werden die x-Wörter noch einmal wiederholt, und wenn sie immer noch vollständig abgerufen werden können, kommen die Wörter mit chs an die Reihe.

---

1. Schau dir im Kasten die Merkwörter mit „chs" an. Was fällt dir auf? Ergänze.

Alle **Tiere**, bei denen du /ks/ hörst, werden mit **chs** geschrieben.
Das gilt auch für eine spezielle Echse, die man in Deutschland findet,
nämlich für die **Eidechse**.

2. Mögliche Wortverwandte:

das Wachs → wächsern, wachsweich, die Wachskerze, die Wachsmalkreide

wachsen → das Wachstum, ausgewachsen, wachstumsfördernd

sechs → sechsfach, das Sechseck, sechserlei

wechseln → der Wechsel, auswechseln, verwechselt

die Büchse → der Büchsenöffner, die Büchsen

die Achsel → der Achselschweiß, Achselhöhle

die Achse → die Achsen, der Achsenbruch

die Deichsel → die Deichseln

chs-Wörter wiederholen

Hinweis für den Lehrenden:
Die Übung dient der weiteren Speicherung der chs-Wörter.

---

2. Hier findest du abgeleitete Wörter mit „chs".
- Suche die Grundwörter bzw. die Teilwörter mit „chs".
- Fülle anschließend die Lücken.

ein Erwa**chs**ener:	**wachsen**
etwas dei**chs**eln:	**Deichsel**
se**chs**fach verflucht:	**sechs**
we**chs**elhaftes Wetter:	**wechseln**
die Fischbü**chs**e:	**Büchse**
der A**chs**enbruch:	**Achse**
wä**chs**ern:	**Wachs**
ein Horno**chs**e:	**Ochse**

chs-Wörter vertiefen

1. Hier werden chs-Wörter gesucht, die du aus den vorherigen Übungen kennst.

Warum ist die Banane krumm? Weil sie krumm **gewachsen** ist!

Der **Dachs** ist ein Raubtier aus der Familie der Marder.

Das Chamäleon gehört zur Gattung der **Echsen.**

Ein Deo hilft gegen **Achsel**schweiß.

Sie fasste den Bollerwagen an der **Deichsel**.

Nach der Ampel **wechselte** sie die Spur.

Die **Achse** ist gebrochen.

Die Vorhänge waren **lachs**farben.

Ochsenschwanzsuppe ist lecker.

Bienenwaben bestehen aus **Wachs**.

Zum Abendessen gibt's eine **Büchse** grüne Bohnen.

2. Hier geht es um selten gebrauchte Wörter.

Die **Weichsel** ist ein osteuropäischer Fluss.

Wer glänzen will, benutzt Schuh**wichse**.

3. Diese Wörter mit „chs" sind leicht zu erraten:

der **Fuchs**

der **Dachs**

6

sechs

cks-Wörter: Ableitungsprinzip erkennen

Hintergrundwissen für die Lehrkraft:
Wörter mit cks können abgeleitet werden. Es ist also nicht nötig, sie auswendig zu lernen, wenn man den betonten Vokal und seine Klangqualität herausfinden kann (siehe Fördersequenz „Betonung").
Eine mögliche Strategie wäre:
Bei einem Wort mit der Lautverbindung /ks/ prüfe ich, ob es ein Grundwort mit „ck" gibt, d.h., ob der betonte Vokal des Grundworts *kurz* klingt. Wenn ja, muss ich „cks" schreiben, weil die Dopplung (hier: ck) mit in die gebeugte Form übernommen werden muss.

Damit du das „verwandte Wort" schnell findest,
kannst du dir im Kopf folgenden Spruch merken:
„... kommt von ..."

Wort mit cks:	„innere Stimme"	Wortverwandter:
Kni**cks**	...kommt von...	knicken
Kle**cks**	...kommt von...	kle**ck**ern
du pi**ckst**	...kommt von...	pi**ck**en
du we**ckst**	...kommt von...	we**ck**en
Glü**cks**pilz	...kommt von...	Glü**ck**
Bo**cks**horn	...kommt von...	Bo**ck**
zwe**cks**	...kommt von...	Zwe**ck**
hinterrü**cks**	...kommt von...	Rü**ck**en
Geschma**cks**sache	...kommt von...	Geschma**ck**
eindru**cks**voll	...kommt von...	Eindru**ck**, drü**ck**en
du ti**ckst**	...kommt von...	ti**ck**en
du schlu**ckst**	...kommt von...	schlu**ck**en
der Kna**cks**	...kommt von...	kna**ck**en

ks-Wörter: Ableitungsprinzip erkennen

Hinweis für den Lehrenden:
Bei den Wörtern mit „ks" funktioniert das gleiche Ableitungsprinzip wie bei „cks", nur dass hier das Grundwort mit einfachem „k" geschrieben wird, entweder, weil der betonte Vokal lang gesprochen wird, oder weil zwei Konsonanten nachfolgen: du spu**ks**t → spu**k**en; du mer**ks**t → mer**k**en.

---

1. Lies den Text durch.

Verschlafen

Lars hat heute mächtig verschlafen. Viel zu spät kommt er in der Schule an. Als er im Gang nach lin**ks** abbiegt, trifft er Maria, die gerade Kreide holen geht.

„Meine Güte, du schwan**ks**t ja richtig, was ist denn bloß los?", flüstert sie erschrocken.

Als der schla**ks**ige Lars den Klassenraum betritt, zieht Herr Grünewald die Augenbrauen hoch. „Setz dich hin und nimm dir einen Ke**ks** zur Stärkung", sagt er mit sarkastischem Unterton.

Bald darauf fallen Lars die Augen zu.

„Lars, du sin**ks**t in dich zusammen wie ein angestochener Reifen, mer**ks**t du das nicht?", rügt der Lehrer.

Lars hört nichts, bis Maria ihn pi**ks**t.

2. Fülle die Lücken im Text.
Tipp: In jede Lücke kommt das Gleiche, nämlich **ks.**

3. Wörter mit *ks* kannst du von Wörtern ableiten, die mit *k* geschrieben werden.
- Suche zu jedem Lückenwort einen Verwandten, z.B.: du wir**ks**t → wir**k**en
- Bei welchen Wörtern gelingt die Ableitung nicht? Präge sie dir als Merkwörter ein.

lin**ks**	→	lin**k**isch, lin**k**e	schwan**ks**t	→	schwan**k**en
sin**ks**t	→	sin**k**en	mer**ks**t	→	mer**k**en
pi**ks**t	→	pi**k**en, die Pi**k**e			

Merkwörter: schla**ks**ig und Ke**ks** (von englisch „cake")

4. Auch das Wort *Koks* kannst du ableiten.
- Finde heraus, was Koks eigentlich ist und bei welchen Wortverwandten man das k hört.

Ko**ks** → die Ko**k**erei
Ko**ks** ist ein Brennstoff, der aus Stein- oder Braunkohle gewonnen wird.
Außerdem wird Ko**ks** als Abkürzung für die Droge Ko**k**ain gebraucht, die aus dem Ko**k**astrauch gewonnen wird.

gs-Wörter: Ableitungsprinzip erkennen

Hinweis für den Lehrenden:
Als letzte Buchstabenverbindung lässt sich „gs" ableiten, und zwar von Wörtern mit „g": du legst → legen. Da Wörter und besonders Verben mit „gg" äußerst selten sind (Bagger, Egge, schmuggeln, flaggen), stellt sich die Frage nach der Dopplung eigentlich nicht. Wichtiger ist hier die Frage, ob stimmhafter oder stimmloser Plosivlaut, also g oder k? Die Antwort gibt das Grundwort, bei dem der betreffende Laut am Anfang der zweiten Silbe steht.
Besonders gemerkt werden müssen drei nicht ableitbare Wörter: Angst, Pfingsten, blindlings.

---

1. Lies den Text durch.

The Trap
Am Abend war Lars wieder halbwe**gs** fit. Das war allerdin**gs** auch gut so, denn regelmäßig donnersta**gs** traf sich die Schülerband und er spielte dort den Bass. Die Band nannte sich „The Trap" und coverte am liebsten Songs aus den Siebzigern: von den Rolling Stones, Jimi Hendrix und vor allem von Led Zeppelin.
Flu**gs** eilte Lars in den Proberaum, den man über den Fahrradkeller an der Rückseite des Schulgebäudes erreichen konnte. Kira und die anderen waren schon da und warteten.
„Kannst du nicht weni**gs**tens einmal pünktlich sein? Um zehn kommt der Hausmeister", murrte die Sängerin. Das Publikum bestand aus Ayse und Timo. Beide hörten mit leuchtenden Augen zu, als die Band loslegte.
Ta**gs** darauf rannte Timo zum Fahrradkeller, denn er hatte es sehr eilig. Beinahe hätte er dabei blindlin**gs** Kira umgerannt. Sie schaute auf und lächelte, als Timo sich entschuldigte.
„Sag mal, willst du nicht bei unserer Band mitmachen?", fragte sie.
„Wieso ich?", fragte Timo, der schon An**gs**t hatte, er könnte sich verhört haben.
„Ich habe von Ayse gehört, dass du echt gut sin**gs**t. Da ich bald die Schule verlasse, bin ich die län**gs**te Zeit Sängerin gewesen und wir brauchen dringend Nachwu**chs**. Wir proben nach Pfin**gs**ten wieder. Bist du dabei?"

2. Fülle die Lücken im Text.
Tipp: Fast in jede Lücke kommt das Gleiche, nämlich **gs**.
Nur an einer Stelle musst du aufpassen, nämlich bei dem Wort **Nachwuchs** (von wa**chs**en!)

3. Wörter mit *gs* kannst du von Wörtern ableiten, die mit *g* geschrieben werden.
- Suche zu jedem Lückenwort einen Verwandten, z.B.: du le**gs**t → le**g**en
- Bei welchen Wörtern gelingt die Ableitung nicht? Präge sie dir als Merkwörter ein.

halbwe**gs**	→	die We**g**e	allerdin**gs**	→	die Din**g**e
donnersta**gs**	→	die Ta**g**e	flu**gs**	→	flie**g**en
weni**gs**tens	→	weni**g**e	ta**gs**	→	Ta**g**e
du sin**gs**t	→	sin**g**en	län**gs**te	→	lan**g**e

Merkwörter: blindlin**gs** An**gs**t Pfin**gs**ten

x und chs: Wiederholung der Merkwörter

Hinweis für den Lehrenden:
Nach dem Ausflug zu den ableitbaren Wörtern kehren wir zurück zu den Merkwörtern mit x und chs. Welche Merkwörter sind im Gedächtnis haften geblieben? Welche müssen noch einmal überlernt werden?

Wiederholung: Erinnerst du dich an die Merkwörter mit x und chs?

1. Ergänze hier den Wortteil, der mit x geschrieben wird.
- Tipp: Es kann helfen, wenn du zuerst alle x-Wörter aufschreibst, an die du dich erinnerst.

Faxgerät	Musik**box**	**Luxus**dampfer
Hand**mixer**	**Praxis**gebühr	**Extrem**sport
Exportware	Bade**nixe**	Staats**examen**
Tier**lexikon**	Lücken**text**	**Extra**wurst

2. In diesem Rätsel werden chs-Wörter gesucht. Ergänze.

										W
					S					A
			D		C					C
		S	E	C	H	S	F	A	C	H
			I		U					S
			C		H					T
			H		W			B		U
			S		I			U		M
		W	E	I	C	H	S	E	L	
			L		H			C		
					S			H		
				W	E	C	H	S	E	L
				A				E		A
			O	C	H	S	E			C
		A		H						H
L	U	C	H	S						S
		H								
		S								
		E								

x-Laut: Lückentext mit allen Schreibweisen

Hinweis für den Lehrenden:
Diese Übung sollte erst dann zum Einsatz kommen, wenn die Merkwörter zu x und chs wirklich sicher im Gedächtnis gespeichert sind. Die anderen Schreibungen können abgeleitet werden.
Ein Lückentext ermöglicht das selbstständige Arbeiten an einem bestimmten Thema ohne den Einsatz einer Lehrperson. Sinnvoller wäre es allerdings, wenn jemand dem Schüler den ganzen Text diktieren würde (evtl. in zwei Abschnitten), damit die *vollständigen* Wörter geschrieben werden können und die prekären Stellen nicht bereits vorgegeben sind.
Bei der gemeinsamen Fehlerbesprechung sollte dann allerdings der Fokus auf den ks-Laut gerichtet werden.

…das war ja nicht sehr eindru**cks**voll, was du dir da auf meiner Geburtsta**gs**party geleistet hast! Manchmal frage ich mich, ob du noch richtig ti**cks**t, verfli**x**t noch eins! Ohne mir zu gratulieren oder die anderen Gäste zu begrüßen, kommst du des We**gs**, gehst schnurstra**cks** zu den Mi**x**getränken und schüttest dich sinnlos zu, indem du alles auf e**x** trin**ks**t.
Danach le**gs**t du dich einfach auf den Boden, frisst sämtliche Ke**ks**e auf und verteilst Kerzenwa**chs** auf meinem Teppich! Ein Glü**cks**fall, dass du anschließend weni**gs**tens keinen Mu**cks** mehr von dir gegeben hast. Dafür waren ja dann deine Freunde zuständig, se**chs** Leute, die ich nicht mal eingeladen hatte. Die sind mit ihrem Krie**gs**geheul und ihren dummen Witzen über Se**x** wirklich allen Leuten auf die Nerven gegangen. Und als ich dir dann sage, dass jeder von ihnen heimlich ein Sixpack mitgebracht hat, zu**cks**t du nur mit den Schultern und pi**cks**t dir frech die ganzen Früchte aus der Bowle.
Und überhaupt: Wer ist eigentlich dieser Lars? Probiert an Andreas seine Sammlung an Schimpfwörtern aus, wobei „O**chs**e" noch das liebenswürdi**gs**te war, und pi**ks**t ihn anschließend mit einer Cocktailgabel in den Hintern!
Mer**ks**t du gar nicht, wie unmöglich das alles war? Fra**gs**t du dich nicht manchmal, wie dein Verhalten bei anderen ankommt? Hast du dich e**x**tra so daneben benommen? Du entschuldi**gs**t bitte, aber für mich ist es kein Kla**cks**, wenn du und deine Freunde mir mein Geburtsta**gs**fest ruinieren! Wenn du meinst, dass du dir bei mir solchen Lu**x**us leisten kannst, dann will ich nichts mehr mit dir zu tun haben! Auf jeden Fall hat meine Freundschaft zu dir einen richtigen Kna**cks** bekommen. Zwe**cks** Entschuldigung musst du schon über dich hinauswa**chs**en und dir etwas Besonderes einfallen lassen! Sonst lasse ich dich in Zukunft lin**ks** liegen und we**chs**ele kein Wort mehr mit dir!

eindru**cks**voll → ableiten: Dru**ck**, drü**ck**en
Geburtsta**gs**party → ableiten: Geburtsta**g**e (Fugen-s)
verfli**x**t → Merkwort mit x
ti**cks**t → ableiten: ti**ck**en
We**gs** → ableiten: We**g**e
schnurstra**cks** → ableiten: stre**ck**en
Mi**x**getränken → Merkwort mit x
e**x** → Merkwort mit x
trin**ks**t → ableiten: trin**k**en
le**gs**t → ableiten: le**g**en
Ke**ks**e → Merkwort mit ks
Kerzenwa**chs** → Merkwort mit chs
Glü**cks**fall → ableiten: Glü**ck**, glü**ck**en
weni**gs**tens → ableiten: weni**g**e
Mu**cks** → ableiten: mu**ck**en
se**chs** → Merkwort mit chs
Krie**gs**geheul → ableiten: Kriege (Fugen-s)
Se**x** → Merkwort mit x
zu**cks**t → ableiten: zu**ck**en
pi**cks**t → pi**ck**en
pi**ks**te → piksen, pi**k**en
O**chs**e → Merkwort mit chs
liebenswürdi**gs**te → ableiten: liebenswürdi**g**er
Mer**ks**t → ableiten: mer**k**en
Fra**gs**t → ableiten: fra**g**en
e**x**tra → Merkwort mit x
entschuldi**gs**t → ableiten: entschuldi**g**en
Kla**cks** → ableiten: kla**ck**ern, kla**ck**en
Geburtsta**gs**fest → ableiten: Geburtstage
Lu**x**us → Merkwort mit x
Kna**cks** → kna**ck**en
Zwe**cks** → ableiten: Zwe**ck**, bezwe**ck**en
hinauswa**chs**en → Merkwort mit chs
lin**ks** → ableiten: linke, lin**k**isch
we**chs**ele → Merkwort mit chs

x-Laut: Informeller Abschlusstest (Seite 1)

Hinweis für den Lehrenden:
An den Test kann eine Diskussion angeschlossen werden. Mögliche Fragen an die Schüler:
- Stell dir vor, du wärest Katja bzw. Ulf und verantwortlich für die jüngeren Schüler: Was würdest du zu Jannick sagen?
- Wie könnte Jannick darauf reagieren?
- Suche dir ein oder zwei Mitschüler und spielt die Szene einmal durch.

Hier kannst du zeigen, ob du alles Wichtige über den x-Laut weißt.

1. **Der x-Laut kann auf fünf Weisen verschriftet werden. Welche sind das?**
   (1 Punkt insgesamt, wenn alles richtig ist.)

   <u>x, chs, cks, ks, gs</u>

2. **Finde für jede dieser Schreibungen ein Beispielwort.**
   (1 Punkt insgesamt, wenn alles richtig ist.)

   Mögliche Lösung:

   <u>Hexe, Dachs, Glücksfall, links, du legst</u>

3. **Bei zwei dieser Schreibungen hilft es nicht, nach Ableitungen zu suchen. Welche sind das?**
   (1 Punkt insgesamt, wenn alles richtig ist.)

   <u>x, chs</u>

4. **Gib jetzt für die übrigen Schreibungen jeweils ein Beispiel, wie man die korrekte Schreibung aus einem verwandten Wort ableiten kann:**
   (1 Punkt insgesamt, wenn alles richtig ist.)

   Mögliche Lösung:

   <u>Glückspilz → das Glück</u>

   <u>links → der linke Arm</u>

   <u>unterwegs → der Weg</u>

5. **Wie wird bei allen deutschen Tiernamen der x-Laut geschrieben?**
   (1 Punkt insgesamt, wenn alles richtig ist.)

   <u>chs</u>

x-Laut: Informeller Abschlusstest (Seite 2)

6. Fülle die Lücken mit den richtigen Schreibungen für den x-Laut.
(1 Punkt pro Lücke)

Unterwe**gs** mit den Patenkindern
Katja und Ulf haben eine Patenschaft für die jüngeren Schüler übernommen.
Kurz vor Pfin**gs**ten unternahmen sie mit ihnen eine **Ex**kursion ins Naturkundemuseum. Lärmend strömte die Schülerschar durch die Dauerausstellung, vorbei an ausgestopften Tieren: Ein Wolf, ein Da**chs**, ein Lu**chs**, ein Fu**chs**, einige E**chs**en, viele Vögel und sogar ein ganzer O**chs**e. Vor dem blieb Jannick stehen und verglich das große Vieh mit der Abbildung in seinem Tierle**x**ikon. Der erläuternde Te**x**t dazu war etwas länger, und als er nach ein paar Minuten wieder aufschaute, waren die anderen fort. Er begann hektisch nach ihnen zu suchen und lief wahllos rechts und lin**ks** in verschiedene Gänge hinein.
Derweil waren Katja und Ulf mit ihren übrigen Patenkindern schon in der Steinzeitausstellung. Ulf erklärte etwas über prähistorische Werkzeuge und Mohammed betrachtete fasziniert eine A**x**t, die hier ausgestellt war. Als er zwe**cks** näherer Betrachtung über die Absperrung kra**x**eln wollte, rief Ulf: „Halt! Was he**cks**t du denn jetzt aus? Du stei**gs**t hier nicht über das Gitter!“ Mohammeds Antwort war ein unwilliges Murren, und so fügte Ulf noch hinzu: „Und du zi**cks**t jetzt bitte nicht rum, okay? Wir gehen sowieso gleich weiter.“
Bald darauf versammelten sich alle in der Nähe des Museumskios**ks**. Katja zählte die Kinder ab und stockte. „Warum gu**cks**t du mich so erschrocken an?“, fragte Ulf. „Jannick fehlt“, rief Katja und wollte schon lossprinten. „Nein, warte“, antwortete Ulf, um Ruhe bemüht, „du ho**cks**t dich mit den Kindern hierher und bestellst für alle Ke**ks**e und Limonade. Ich suche nach unserem Abtrünnigen!“
Jannick hatte sich unterdessen im Neubau verlaufen. Dort war er mit se**chs** Handwerkern ins Gespräch gekommen, die gerade Frühstü**cks**pause machten und ihm von ihrem Bü**chs**enfleisch und ihren Getränken etwas abga**b**en. Jannick hatte es sich auf einem Farbeimer gemütlich gemacht und dachte gar nicht daran, dass seine Betreuer An**gs**t um ihn haben könnten. Als Ulf ihn endlich fand und in aller Ruhe plaudern sah, we**chs**elte seine Besorgnis schlagartig in Zorn um. „Was den**ks**t du dir eigentlich, Jannick?“, rief er laut. „Trin**ks**t und isst hier seelenruhig, während ich mir die Hacken nach dir ablaufe! Jetzt aber fi**x** zurück zu den anderen!“
Jannick verabschiedete sich von den netten Handwerkern und trottete schuldbewusst hinter Ulf her. „Dass ich dich nicht für deine gleichgültige Unbesonnenheit bestrafe, verdan**ks**t du meiner außergewöhnlichen Großzügigkeit“, brummte Ulf, aber Jannick sah, dass er dabei ein bisschen grinsen musste.

Und?!? Wie viele Punkte hast du geschafft?

34 Punkte	Super, du hast alles verstanden.
33 -30 Punkte	Das meiste hast du verstanden. Schaue aber nach, wo genau du Fehler gemacht hast und wiederhole die entsprechenden Übungen.
weniger als 29 Punkte	Schade, dein Wissen über den x-Laut ist noch nicht gefestigt. Besprich das Ergebnis mit deinem Lehrer. Wiederhole alle Übungen zu den Aufgaben, bei denen du Fehler gemacht hast. Bearbeite diese Aufgaben dann noch einmal.

Fördermappen für die Primarstufe (ab Klasse 2)
Förderung im Klassenverband, in Gruppen oder zuhause

Fördermappen gibt es zu den folgenden Bereichen:

Umlautableitung Fördermappe 1
Mit den fröhlich gestalteten farbigen Übungsblättern lernen die Kinder die Anwendung von „eu" und „äu" bzw. „e" und „ä". Die Phänomene werden erst getrennt und anschließend gemischt eingeübt und gefestigt, so dass auch rechtschreibschwache Kinder keine Interferenzprobleme haben.
Best.-Nr. 48310 **€ 9,80**

Auslautableitung Fördermappe 2
Die deutsche Auslautverhärtung bereitet Kindern Probleme, weil die Lautunterschiede nicht hörbar sind. Mit diesen Arbeitsblättern lernen sie, wann „d" oder „t", „b" oder „p" und „g" oder „k" geschrieben wird und warum. Sie üben die Lautgruppen zunächst getrennt voneinander und schließlich in gemischten Übungen.
Best.-Nr. 48311 **€ 9,80**

Betonung Fördermappe 3
Die Kenntnis des Betonungsgipfels ist unerlässlich für den Aufbau von Rechtschreibkompetenz. Die Schüler bearbeiten zunächst Aufgaben zur Betonung und anschließend zur Länge und Kürze. Die Regelkunde erklärt, warum es für die richtige Schreibung wichtig ist, die Wortbetonung zu kennen.
Best.-Nr. 48312 **€ 9,80**

Dopplung Fördermappe 4
Im Zusammenhang mit langen und kurzen Vokalen spielt die Konsonantenverdopplung eine wichtige Rolle. Vielfältige Übungen helfen den Kindern, das Prinzip der Dopplung zu verstehen und richtig anzuwenden. Vom Buchstabensalat über Lücken- und Partnerdiktate arbeiten sich die Kinder durch das Thema.
Best.-Nr. 48313 **€ 9,80**

S-Laute Fördermappe 5
Die S-Schreibung ist eine der häufigsten Fehlerquellen – um so wichtiger ist die sorgfältige Übung, die den Kindern mit den differenzierten Arbeitsblättern leicht fällt. Die Regelkunde erläutert das nötige Basiswissen dazu.
Best.-Nr. 48314 **€ 9,80**

Dehnung Fördermappe 6
Dehnungs-h und „ie" bzw. „ih" bereiten vielen Kindern Kopfzerbrechen. Mit dieser Fördermappe üben sie die Dehnung und deren Schreibung in äußerst differenzierter und vielfältiger Weise. Der Schwierigkeitsgrad steigt dabei langsam an. Spielerisch wird das erworbene Wissen gefestigt.
Best.-Nr. 48315 **€ 16,80**

Groß- und Kleinschreibung Fördermappe 7
Grammatikwissen und Rechtschreibung gehören eng zusammen. Besonders bei der Groß- und Kleinschreibung müssen Kinder eine gute Kenntnis der Wortarten haben. Diese üben sie hier intensiv, differenziert und mit viel Freude. Vor allem auch wegen der Fülle an tollen Ideen für Kindergeburtstage.
Best.-Nr. 48316 **€ 16,80**

Fördermappen Sammelbände 1+2
alle Fördermappen in zwei Bänden

Mit den beiden Fördermappen-Sammelbänden können Sie im günstigen s/w-Druck den gesamten Regelbereich der Rechtschreibung in den Klassen 2/3 abdecken: Umlautableitung, Auslautableitung, Betonung, S-Laute, Dopplung, Dehnung und Groß-/Kleinschreibung.

Best.-Nr. 48309 **€ 24,80**
(auch einzeln verfügbar)

Verbinden von individueller Förderung mit dem Regelunterricht!
Gut geeignet für LRS-Förderung!

Themenhefte
Der Rechtschreib-Lehrgang für die Klassen 5 und 6
Kopiervorlagen, didaktische Grundlagen, Unterrichtsempfehlungen

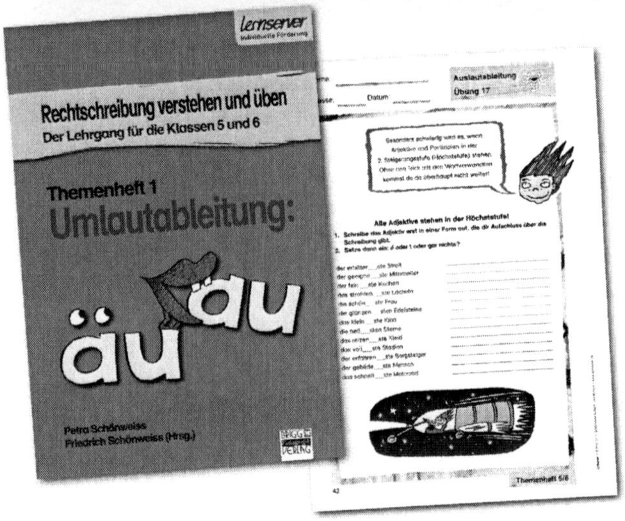

Zur **Sicherheit in der Rechtschreibung** verhelfen? Dabei unterstützt dieser strukturierte, einheitliche Rechtschreiblehrgang für die Klassen 5 und 6. Lehrer, Förderkräfte und Eltern finden hier alles, um die zentralen Prinzipien der Orthographie zu vermitteln.
Die Schüler werden dazu angeregt, das „Wie" und „Warum" zu erforschen, um auf diese Weise einen souveränen Zugang zu Sprache und Schrift zu gewinnen und ihre Strategien zu optimieren.

Besonderer Wert wird auf das **eigenständige** wie auch **gemeinschaftliche Lernen** gelegt.

Motto:
Erforschen, verstehen, üben

Einsatz:
- Zur Einführung in einen bestimmten Themenbereich
- Für die Arbeit an Fehlerschwerpunkten mit der ganzen Klasse
- Für das ergänzende Üben zuhause oder in Fördergruppen
- In Kombination mit den individuellen Lernserver-Materialien

Aufbau und Inhalt:
- Grundlegende Erklärungen zu den orthographischen Prinzipien
- Vorschläge zur Themeneinführung im Unterricht
- Kopiermaterial: Übungen und Spiele, die sinnvoll aufeinander aufbauen und abwechslungsreich gestaltet sind
- Hinweise zur Didaktik für den Lehrenden
- Lösungen für die Partnerarbeit und zur Selbstkontrolle

Es liegen Themenhefte zu diesen Rechtschreibbereichen vor:

Themenheft 1: **au-äu**
Was ist richtig: eu oder äu? Genaues Hinhören ist keine Lösung, denn „eu" und „äu" sind akustisch nicht zu unterscheiden. Was tun? Die Ableitungsregeln geben Sicherheit.
Best.-Nr. 48303 **€ 14,80**

Themenheft 2: **a-ä**
Kurz gesprochen klingen e und ä völlig gleich: *Klemme* und *Kämme*. Mithilfe von Wortverwandten kann die korrekte Schreibung problemlos ermittelt werden.
Best.-Nr. 48323 **€ 14,80**

Themenheft 3: **Auslautableitung**
Am Silbenende sprechen wir die Plosivlaute d, b, g „hart" aus, so dass sie wie t, p und k klingen. Durch das Hören allein kann man also nicht herausfinden, ob „furchbar" oder „furchtbar" geschrieben wird. Doch der Trick mit der Ableitung bringt schnell Licht ins Dunkel: *furchtbar* kommt von *fürchten* – hier ist der Lautunterschied wieder hörbar.
Best.-Nr. 48324 **€ 16,80**

Themenheft 4: **Betonung**
Der Betonungsgipfel eines Wortes ist der Dreh- und Angelpunkt für orthographische Stolperfallen wie Konsonantendopplung, Dehnung oder s-Laut. Hat ein Kind den betonten Vokal und seine Klangqualität erkannt, wird es die Schreibung der Wörter sicher erschließen können.
Best.-Nr. 48325 **€ 14,80**

Themenheft 5: **Dopplung**
Wo und wann müssen doppelte Konsonanten geschrieben werden? Mit dem reinen Abhören der einzelnen Laute eines Wortes kommt man bei dieser Frage nicht weiter, denn zwischen einem einfachen und einem doppelten Konsonanten ist kein akustischer Unterschied erkennbar. Wichtig ist vielmehr das Verständnis für das orthographische Prinzip, dass nur nach einem kurzen betonten Vokal eine Dopplung möglich ist.
Best.-Nr. 48326 **€ 18,80**

Themenheft 6: **S-Laute**
Die Frage, ob s, ss oder ß richtig ist, bringt nicht nur Schüler ins Schwitzen. Das muss nicht sein: Mithilfe weniger Regeln und ein bisschen Üben kann jeder lernen, sich die Schreibung aller Wörter selbst herzuleiten.
Best.-Nr. 48327 **€ 16,80**

Themenheft 7: **Dehnung**
Der Bereich „Dehnung“ ist eines der schwierigsten Kapitel der deutschen Rechtschreibung und eine der häufigsten Fehlerquellen in Diktaten. Warum ist in *Sohn* ein h, in *Ton* aber keines? Wieso wird *leer* mit ee geschrieben, der *Lehrer* aber mit h? Was ist ein Silben-h? Mithilfe strukturierter und sinnvoll aufeinander abgestimmter Übungen wird schrittweise das Thema Dehnung für jeden durchschaubar gemacht.
Best.-Nr. 48328 **€ 18,80**

Themenheft 8: **Der lange i-Laut**
Tier, wir, ihr, es zieht – das sind vier verschiedene Schreibweisen für denselben Laut! Wie soll man da als Schüler immer wissen, welcher der richtige ist? Strukturierte Übungen, die auch das „Warum“ aufdecken, bringen Übersicht und Ordnung in das vermeintliche Chaos.
Best.-Nr. 48329 **€ 14,80**

Themenheft 9: **Groß-Kleinschreibung**
Groß oder klein? Das ist nicht immer leicht herauszufinden, denn gängige Eselsbrücken wie die Artikelprobe führen leider häufig in die Irre. Auch das Wissen um die einzelnen Wortarten reicht oft nicht aus, um eine eindeutige Entscheidung zu treffen – alle Wortarten können großgeschrieben werden, es kommt nur darauf an, welche Funktion sie im Satz einnehmen.
Best.-Nr. 48330 **€ 18,80**

Angebote für Schulen

Ampelsignale zeigen Förderbedarf
Kostenloses Lernserver-Screening – die LISA-Bildungskampagne

Im Rahmen der **LISA-Bildungskampagne**, die gemeinsam mit dem Bundesverband für Legasthenie und Dyskalkulie (BVL) durchgeführt wird, haben alle Schulen in Deutschland die Möglichkeit, ihre Schüler kostenlos auf deren Rechtschreibkompetenz hin zu testen. Ampelsignale der Lernserver-Normierung zeigen dabei den individuellen Förderbedarf an.

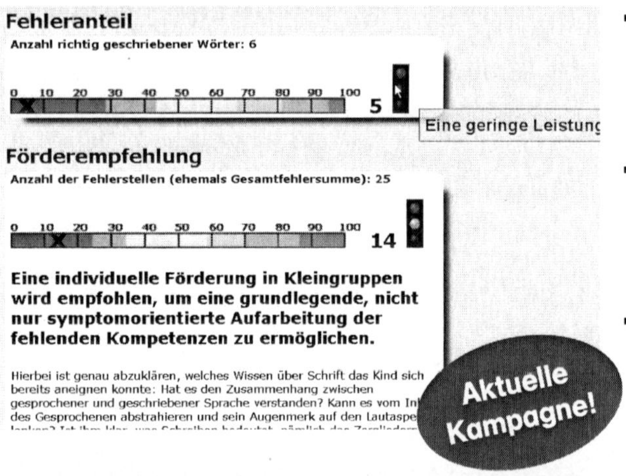

Die Anmeldung zur Bildungsinitiative erfolgt unter www.lisa.lernserver.de

- Alle Grundschulen und weiterführenden Schulen können sämtliche Schüler einem Screening unterziehen, die Testung erfolgt im Klassenverband;
- jeder Lehrer erhält kompakte Leistungsprofile der einzelnen Schüler sowie ein computergestütztes Klassenleistungsprofil;
- mithilfe der Lernserver-Normierung (verdeutlicht durch ein Ampelsystem) wird auf einen Blick ersichtlich, welche Schüler welches Maß an Förderbedarf haben;
- ein Förderplan zeigt die für die jeweilige Klasse notwendigen Förderschwerpunkte;

Hinweis: Mit dem Screening kann festgestellt werden, welche Schüler eine ausführlichere Diagnose und Förderung benötigen. Auch lässt sich auf diese Weise ermitteln, ob der Förderbedarf eines Kindes so groß ist, dass zusätzliche fachliche Unterstützung hinzugezogen werden muss. Ausgehend von den Ergebnissen des Screenings kann jederzeit und ohne zusätzlichen Aufwand ein Update zur ausdifferenzierten Standard-Diagnose vorgenommen werden (kostenpflichtig). Auch passgenaues Fördermaterial kann ohne weitere Testung bestellt werden.

Weitere Informationen zur LISA-Bildungskampagne sind erhältlich beim

Lernserver-Institut –
Verlag für Bildungsmedien GmbH
Georgskommende 9
48143 Münster
Tel.: 03212 3211121
info@lernserver.de
http://www.lernserver.de
http://www.foerdernetz.de

Bundesverband Legasthenie
und Dyskalkulie e.V.
Annette Höinghaus
Postfach 1107
30011 Hannover
Tel.: 04193 965602
Fax: 04193 969304
hoeinghaus@bvl-legasthenie.de